CB079676

Fé e Paixão

Aline Barros
Fé e Paixão

Thomas Nelson
Brasil

Rio de Janeiro 2010

Fé e paixão
Copyright © 2010 por Aline Barros

EDITOR RESPONSÁVEL
Omar de Souza

ARTE GRÁFICA
Rafael Vidal

FOTÓGRAFO
Rafael Kistenmacker

REVISÃO
Margarida Seltmann

DIAGRAMAÇÃO E PROJETO GRÁFICO
Trio Studio

CIP-BRASIL. CATALOGAÇÃO NA FONTE
SINDICATO NACIONAL DOS EDITORES DE LIVROS, RJ

B273f

Barros, Aline
Fé e paixão / Aline Barros. - Rio de Janeiro: Thomas Nelson Brasil, 2010.

ISBN 978-85-7860-091-4

1. Barros, Aline. 2. Cantoras - Brasil - Biografia. 3. Música popular cristã. I. Título.

10-4793.

CDD: 927.8042
CDU: 929:78.067.36

Thomas Nelson Brasil é uma marca licenciada à Vida Melhor Editora S.A.
Todos os direitos reservados à Vida Melhor Editora S.A.
Rua Nova Jerusalém, 345 – Bonsucesso
Rio de Janeiro – RJ – CEP 21402-325
Tel.: (21) 3882-8200 – Fax: (21) 3882-8212 / 3882-8313
www.thomasnelson.com.br

Sumário

Prefácio

Senti-me honrado quando me foi dada a responsabilidade de prefaciar esta obra e satisfeito de testemunhar para você, leitor, que este livro é sobre alguém que desde a mais tenra idade se destacou por sempre buscar fazer o melhor em tudo que se propôs realizar, que nunca se intimidou com desafios e, em todos que enfrentou, pôde experimentar o sabor da vitória. Contudo, talvez a maior vitória alcançada por Aline Barros foi entender que seu papel e sua responsabilidade vêm de uma base espiritual e familiar que ela soube preservar, honrando seu chamado ministerial sem se deslumbrar com o sucesso.

Boa filha, mãe amorosa, esposa responsável, exemplo para os jovens e amada pelas crianças, Aline se tornou uma referência para esta geração. Independentemente de religião ou faixa etária, ela sempre consegue transmitir uma mensagem de vida e esperança por onde passa. Jesus Cristo está presente de uma forma muito natural em seus eventos, quando Aline fala aos jovens ou oferta carinho às crianças. Há algo especial em sua vida, algo de Deus, algo que faz a diferença nesta mulher, que em um especial dia de outubro chegou como um bebezinho em nossa casa, um presente de Deus para mim e para minha esposa.

Desejamos sinceramente que você faça uma boa leitura e seja tremendamente abençoado.

No amor de Jesus,
Ronaldo Barros

Quando o que era difícil
Se torna impossível
Deus começa a agir
Ele abre sempre uma porta
Onde não há saída

CAMINHO DE MILAGRES

Aline Barros, Davi Sacer, Luis Arcanjo e Ronald Fonseca

1

Fé

"E Jesus disse a ele: Levanta-te, e vá;
você está curado porque teve fé."

(Lucas 17:19, NTLH)

Era noite e eu chorava...

Minha vida era só felicidade. Nicolas acabara de chegar, três anos depois da união com Gilmar, meu amor, meu companheiro, meu apoio, meu esposo. Era a consagração de meu casamento, tudo era lindo demais. No final da gravidez, vivendo um momento bastante especial em meu ministério, com muitas viagens, levando a Palavra de Deus, por meio da música, dentro e fora do Brasil, comecei a sentir algo estranho na voz, mas literalmente não dei importância. Nicolas nasceu — que experiência maravilhosa é ser mãe! — e foi naquele momento de alegria que tive a certeza de que algo não estava bem com minha voz. Fiquei extremamente preocupada, pois estava muito rouca e a voz não voltava. Então fui ao médico e ele me falou da gravidade do problema. Havia uma fenda nas pregas vocais, e eu estava com apenas 5% da voz, não conseguia cantar e mal falava. O médico disse que poderia nunca mais voltar a cantar.

Naquele momento o medo invadiu meu coração. Passava horas trancada no quarto chorando, noites sem dormir, madrugadas em pranto. Durante o dia me dedicava a meu filho, cuidava dele, dava carinho, amamentava. Quando a noite chegava, eu só sabia chorar. Encostava a cabeça no travesseiro e chorava sem parar. Não conseguia enxergar uma solução: quando se está no meio do problema, é difícil enxergá-la. Eu sabia que tinha de atravessar um deserto — embora muitos pensem de forma diferente, somos seres humanos com problemas como qualquer outro —, mas não conseguia ver como conseguiria fazer aquela travessia. O medo tentava me dominar completamente. E eu, repito, chorava.

Em uma noite em especial eu estava muito triste. Gilmar acordou de madrugada e me viu de joelhos, chorando. Ele me abraçou, e juntos passamos a orar e a clamar a Deus. Gil me fez lembrar das promessas de Deus para minha vida e para nossa casa. Falamos sobre a questão do cuidado de Deus, que não nos deixa sozinhos nem quando estamos dormindo ou temos problemas e tribulações. É ele que nos dá força, sustento, base para que vençamos qualquer dificuldade. E naquele exato momento uma luz se acendeu e Deus aqueceu meu coração. Começamos a orar e declarar as promessas de Deus que a Palavra nos ensinara. Tudo isso foi vindo em nossa mente. Na hora do aperto, da dificuldade, a Palavra é como um bálsamo e traz forças e fé para o coração. A Palavra de Deus me sustentou naquele momento e me deu forças para vencer o medo, que paralisa os seres humanos. Enchi meu peito e me ergui. Foi lindo sentir a presença de Deus ali e o amor de Deus nos abraçando, pois o amor lança fora todo medo.

MINHA BOCA, MINHA ARMA, MINHA MAIOR ARMA

Foi na igreja que ouvi pela primeira vez que existem forças do mal tentando todo tempo calar nossa voz, impedir de louvarmos a Deus, frustrar nossos sonhos, nos paralisar. O medo precisa ser confrontado e vencido pela Palavra de Deus que sai de nossa boca e está viva dentro de nós. Precisamos mostrar ao medo que ele não nos governará. "Davi respondeu: você vem contra mim com espada, lança e dardo, mas eu vou contra você em nome do Senhor Todo-Poderoso, o Deus dos exércitos israelitas que você desafiou" (1 Samuel 17:45, NTLH). Davi usou as palavras certas na hora certa. Sua boca naquele momento foi sua maior arma. Davi enfrentou o gigante. E você, o que tem feito para enfrentar o gigante que o tem intimidado? Você pode até ser carismático, querido por todos, cheio de dons, mas isso não vai intimidar o gigante, o problema ou o inimigo que está em sua frente. O que intimida um gigante é o que está dentro de nós, aquilo que aponta para Jesus, sua Palavra.

No momento em que o desespero chegar ao auge, saiba que com a Palavra você vai vencer. Deus tem uma promessa para sua vida, sim; Deus diz na Palavra dele que você é mais que vencedor; Deus diz que você não está sozinho; Deus diz que você e sua casa servem ao Senhor a todo o tempo e que não há nada que o impeça de glorificá-lo. Quanto mais você lançar a Palavra de Deus, mais força você terá; aquele medo de seu coração, aquela insegurança que o domina, aquela insegurança no amanhã certamente desaparecerão como em um milagre.

Quando meu esposo e eu oramos juntos, automaticamente se estabelece a ligação entre a Terra e o Céu. Naquela noite que mudou minha vida, sabia que estava começando um novo momento, tinha certeza de que minha voz ia voltar — e antes de seis meses. Estabeleci uma meta: a de me recuperar o quanto antes, porque Deus assim o queria. Pude sentir Deus tocando minha garganta, restaurando minha vida e me curando por completo. Aquelas palavras ardiam em meu coração: "Você está curada, não tema, você está curada." Essa certeza fez calar a voz daquele gigante que me amedrontava e agora a situação era completamente diferente, eu estava rindo dele e comemorando por antecipação a minha vitória!!!

Em um mês minha voz estava de volta, até mais bonita do que antes. Eu tinha aquela voz muito fininha, soprano. Minha extensão vocal era bem grande, mas eu não a tinha muito grave. E o que aconteceu? Perdi alguns agudos, mas ganhei alguns graves, e minha voz ficou mais encorpada, mais bonita, mais presente, mais forte. Amadureci como cantora.

SUA PALAVRA NOS ORIENTA, NOS MOSTRA O CAMINHO

Existem momentos na vida em que as coisas acontecem para nos esticar, para nos fazer crescer, ir mais além. Sou uma pessoa que reflete muito, sou bastante atenta àquilo que me falam, estou muito aberta a ouvir. Saber ouvir é um dom, porque é na multidão dos conselheiros que está a sabedoria. No momento de crise, mais do que nunca precisei refletir sobre quem eu era, qual era realmente minha missão. Foi muito importante porque, mesmo que não se entenda o que está ocorrendo no momento, certamente Deus continua reinando e tendo controle de tudo em nossa vida. Sua Palavra nos orienta, nos mostra o caminho.

Foi o Senhor que me apontou a saída do deserto. Suas palavras me levaram adiante, me colocaram em outro patamar; subi um degrau, iniciei uma nova etapa, ainda mais maravilhosa.

Naquele tempo de crise vi o milagre de Deus em minha vida.

Não se deixe intimidar e não permita que o medo governe sua vida nem um dia a mais. Acabe com o medo e liberte-se hoje. Você pode confrontá-lo e viver completamente livre.

"O espírito que Deus nos deu não nos torna medrosos;
pelo contrário, o espírito nos enche de poder e de
amor e nos torna prudentes."

(2 Timóteo 1:7, NTLH)

Tudo o que Jesus fala é perfeito
Eu posso confiar
Que vai ser bom
Que vai dar certo

MEU MESTRE MANDOU

Aline Barros e Eyshila

2

Memória

"Porque todo filho de Deus pode vencer o mundo. Assim com a nossa fé conseguimos a vitória sobre o mundo."

(1 João 5:4, NTLH)

Quando penso em minha infância e adolescência, lembro-me de muita felicidade. Meu pai, Ronaldo, minha mãe, Sandra, e eu morávamos em um quartinho bem pequeno, no fundo da casa de minha avó Walquíria e meu avô Ivan, pais de meu pai. Era na Penha, no subúrbio do Rio de Janeiro. Dormia todo mundo bem juntinho. E eu, sempre agarrada a minha boneca Filomena. Desde pequenininha gostei de bonecas, mas a Filomena era minha preferida: uma boneca de pano, com cabelinho de lã bem pretinho, vestido vermelho. Vivia descabelada, e eu andava para cima e para baixo com ela. Filomena era quase do meu tamanho, bem molinha, daquelas que a gente agarra e não larga mais. Acho que andei grudada a ela por toda a minha infância até ela virar um trapo.

O Pai celestial também nos dá presentes; nossos dons e talentos são dádivas de Deus, e devemos usá-los até não poder mais. Não poupe, não economize, faça tudo que você pode fazer aqui nesta terra para servir aos homens com seus dons e trazer glória a Deus... Use-os até virarem um trapo.

Quando penso em minha infância, lembro-me bem da Filomena.

Um dia meu pai me disse: "Filha, você é um presente que Papai do Céu me deu!" Fiquei intrigadadíssima, e minha única pergunta foi: "Eu vim embrulhada em papel de presente?" Meu pai se lembra disso até hoje, desse momento lindo que compartilhamos. Minha infância foi uma época muito especial.

Os filhos são presentes que Deus entrega para os pais, a fim de que possam saber influenciá-los da melhor maneira para que se tornem a alegria do coração de Deus!

Meu irmão Rafael nasceu quando eu estava com 4 anos. Nessa época, fomos morar em um sobradinho, também na Penha, bem próximo à Rua Honduras, onde ficava a casa de minha avó. Na verdade, a Rua Belisário Pena era transversal a ela.

Não consigo lembrar se fiquei com ciúme quando meu irmão nasceu. Embora eu fosse a primeira neta, a primeira filha, a bonequinha que todos esperavam, e bem mimadinha — fui bastante mimada, reconheço —, pelas fotos que vejo, pelas coisas que meus pais me contam, aceitei muito bem a chegada de uma nova criança na casa. Criança é sempre um presente de Deus e acho que percebi isso muito cedo. Há várias fotos minhas com Rafael no colo. Acho que fiz dele meu boneco. Além de bonecas, que adorava, amava brincar de panelinha, de casinha, de professora. Era bem menininha mesmo. Aliás, acho que sou até hoje! Minha vontade é que meu coração permaneça como o de uma criança: puro, simples, que ama e perdoa. "... o reino de DEUS é das pessoas que são como estas crianças." (Lucas 18:16, NTLH).

Rafael passou a ser meu companheiro de todas as brincadeiras, de todas as horas. Ele é uma figuraça e foi desde sempre. Nós nunca nos desentendemos. Meu relacionamento com meu irmão sempre foi algo muito especial, uma coisa muito linda. Acho que tentei desde seu nascimento ser a irmã protetora, que abraça, beija, se preocupa e tem um carinho imenso. Mesmo bem novinha, eu gostava de ajudar minha mãe a cuidar do Rafael e acredito que isso fortaleceu bastante os laços entre nós, nos tornou ainda mais próximos do que certamente seríamos, devido a nosso ambiente familiar de paz e harmonia.

Certa vez, dei um empurrão em meu irmão. Eu estava com raiva de alguma coisa e empurrei Rafael, mas fiquei com um sentimento de culpa tão grande que chegava a doer meu coração. Lembro até hoje que ele bateu à porta, miudinho — ele sempre foi muito magrinho —, começou a chorar e eu quase morri de dó. Meu coração apertou tanto... Peguei-o no colo na mesma hora; "Não chora, não chora, não chora", e fiquei acarinhando-o por um longo tempo. Acho que nunca vou me esquecer disso.

Quando Rafael cresceu mais um pouquinho, nossa brincadeira predileta era a do robô. Papai deixava a gente em pânico quando vinha com a brincadeira, mas a gente amava. Quando ele dizia: "Vamos brincar de robô!", era uma adrenalina só. Ele apagava as luzes do quarto, da sala e vinha caminhando em nossa direção dizendo: "Eu sou o robô." Nós nos escondíamos no armário, debaixo da cama, mas Rafael foi ficando mais espertinho e me deixava na mão do robô. Papai vinha para cima da gente, pegava no pé de um e era uma gritaria só. Eu tentava ajudar meu irmão, mas, quando o robô me pegava, Rafael corria. "Rafael, me ajuda!", eu gritava. Mas que nada! Ele saía batido; irmão mais novo é assim mesmo. Era eu que tinha de agarrar, brigar e vencer sozinha o robô. Meu Deus, era muito bom!

Lembro-me de uns vizinhos engraçados que moravam no andar de baixo do sobradinho. Eles eram escandalosos e Rafa e eu ficávamos morrendo de rir olhando pela janela. Cada um com suas manias, não é mesmo? Rio até hoje ao me lembrar dos vizinhos que alegraram minha infância, mesmo sem saberem disso.

Fui uma criança cheia de atividades. Gostava de cantar, mas, além disso, amava ser repórter, professora, diretora de cinema. Certo dia, entrevistei meu irmão: coloquei um *headfone* enorme nos ouvidos, fingi que estava com um microfone na mão e fiz minha primeira pergunta: "O que você faz?", meu irmão respondeu: "Eu faço ginástica olímpica", e começou a fazer "estrelinhas" pela casa. Era muito engraçado, Rafael bem magrinho mostrando seus dotes de ginasta. E continuei:

— Quantos anos você tem?
— Seis anos.
— Há quanto tempo você faz ginástica olímpica?
— Mais ou menos há 30 anos...

Só rindo! Quem filmava tudo era Vitor, o pai de nossos amiguinhos Eduardo e Bruno. Durante muitos anos revíamos essa gravação e dávamos risadas. Adorava também bancar a professora, quando havia reunião em grupos familiares: enquanto o culto acontecia na sala, eu levava as crianças para outro cômodo, contava uma história e depois passava as provas. Eu preparava antes as cópias, com papel-carbono, tudo bonitinho, arrumadinho. Distribuía, elas faziam a prova, eu corrigia, dava notas. Uma verdadeira professora. Risos e mais risos. E não parava aí, quantas vezes meu pai chegou exausto em casa e encontrou minha amiga Elaine e eu com o som nas alturas criando coreografias para depois passar para as crianças da igreja. Hoje existe departamento de dança nas igrejas, a dança é encarada como um ministério. Na época, era bem diferente: era a gente que inventava novidades, criava coreografias, e era tudo muito engraçado.

Quando penso na minha infância, me lembro de um tempo alegre, divertido, saudável com meu irmão e meus amigos no sobradinho.

FAMÍLIA, A PRIMEIRA INSTITUIÇÃO FORMADA POR DEUS

Meu pai é uma pessoa maravilhosa, um homem único, dou muito valor às suas palavras até hoje. Seus conselhos são fundamentais na minha vida. Sou uma menina que ouve muito; paro para escutar aqueles que tenho como referência, sou observadora e procuro refletir sobre tudo o que me dizem. E, com relação ao meu pai, essa atenção se multiplica por mil. Meu pai é uma peça fundamental em tudo o que acontece na minha vida. Minha mãe é uma coluna, alguém que descobriu o segredo e o poder que há em uma mulher que ora. Ela é linda por dentro e por fora, uma princesa, uma pessoa maravilhosa, que também me ensina e me apoia demais. Meu pai sempre foi de conversar mais, raríssimas vezes me deu uma chinelada, uma palmada ou qualquer coisa assim. Era ele quem sentava comigo e me fazia pensar e refletir. Ele tinha uma forma de me corrigir muito saudável; quando precisava dar uma lambadinha, ele dava, mas era muito raro. Conto nos dedos as vezes que precisei apanhar do meu pai. Minha mãe foi uma mãezona, minha amiga e companheira, mas, quando era preciso, me dava boas palmadas no bumbum. E merecidas, pois eu tinha uma resposta na ponta da língua todas as vezes! Amor de mãe, que procura estar sempre ensinando. "Eduque a criança no caminho em que deve andar, e até o fim da vida não se desviará dele" (Provérbios 22:6, NTLH).

Eu era turrona, ah, eu era! A palmada estava doendo pra caramba, mas eu virava para minha mãe e dizia: "Não está doendo." Era turrona em tudo; quando encasquetava com uma coisa, para tirá-la da minha cabeça não era tão fácil, mas minha mãe era boa nisso, sabia como fazer. "Não deixe de corrigir a criança, umas palmadas não a matarão. Para dizer a verdade poderão até livrá-la da morte" (Provérbios 23:13,14, NTLH).

Sempre que penso na minha infância, lembro como é importante ter uma família unida, com muito amor, formada por pessoas que souberam me dar o melhor, me encaminharam para a vida que levo agora. Sem elas, não sei o que seria. "Quem despreza o que o pai ensina é tolo; mas quem aceita a sua correção é sábio" (Provérbios 15:5, NTLH).

Valorizo muito minha família. Sou fruto da educação que os dois me deram. De seus conselhos, de suas orientações, de seus ensinamentos, que me fizeram ser o que sou hoje. Amo meu pai, minha mãe e meu irmão e sou muito feliz de tê-los sempre por perto. "Com a sabedoria se constrói o lar e sobre a prudência ele se firma. Na casa da pessoa sábia os quartos ficam cheios de coisas bonitas e de valor" (Provérbios 24:3,4, NTLH).

Minha avó Walquíria era uma trabalhadora, uma mulher forte, decidida, que foi secretária executiva até mais de 60 anos. Meu avô Ivan era também o máximo. Ele era metódico... mas um amorzinho. No fim de semana, vovó Walquíria reunia todo mundo na sua casa e, embora trabalhando duro a semana inteira, ia para a cozinha, comandava o fogão e fazia coisas deliciosas, inclusive meu doce predileto: pudim de claras. Igual ao da vovó Walquíria não existe! Minha avó era assim: estava sempre com a casa aberta, entrava todo mundo, a hora que quisesse, nem precisava avisar, chegava estava bom, "A gente coloca água no feijão e está tudo certo". Meu avô já era evangélico e me chamava para fazer os cultos. Ele pegava um livrinho, cantava os corinhos — ele e meu tio Lourival discutiam quem ia fazer a primeira e a segunda voz. Minha avó, que não havia conhecido Jesus ainda, colocava os pratos na mesa e meu avô dizia que ia fazer só uma oração. Que nada! Ele fazia, literalmente, um culto: cantava, pregava, orava e ainda perguntava se alguém na mesa queria aceitar Jesus. Minha avó ficava impaciente: "Ivan, a comida vai esfriar!" E meu avô insistia: "Primeiro vamos agradecer, é o culto da família." Quando meus primos e meu irmão Rafael estavam maiores, começaram a participar dos cultos também. A gente mais ria do que cantava porque ninguém sabia a letra direito e ficava tentando acompanhar nosso avô. Uma comédia!

Na época de Natal, todo mundo se encontrava também na casa da vovó Walquíria. Eu me lembro de ajudar minha avó a enfeitar a árvore, a colocar os presentes embaixo dela e esperar ansiosamente a hora para poder abri-los. Nós adorávamos estar na casa dos meus avós, e eles eram um casal 10, daqueles que não tem para ninguém. Graças a Deus, depois minha avó aceitou Jesus, foi para a igreja e colheu os frutos daquilo que Deus havia semeado na sua casa.

Eu via menos minha avó Arlete, mãe da minha mãe, que morava mais longe, em Bangu, mas tinha uma enorme abertura com ela, era com ela que eu escancarava meu coração. De vez em quando ela vinha passar uma semana na nossa casa. Eu ficava grudada o tempo todo, conversando, contando minhas histórias, ouvindo as delas. A primeira pessoa com quem falei sobre meu amor pelo Gilmar foi minha avó Arlete. Meu Deus, como ela cozinhava! Fazia uma carne moída! Não era aquela carne moída cheia de tomate, mas sequinha, bem temperadinha... Nham, nham! Minha mãe até aprendeu a fazer com ela, mas jamais ficou igual. Meu avô Moacir, que todo mundo chamava carinhosamente de Moa, tinha uma careca brilhante e todo mundo gostava de passar a mão. Ele também não foi tão presente na minha vida, mas o amava muito. Vovô Moa era advogado criminalista, uma sumidade, tinha os afazeres dele e não ia lá para casa quando vovó Arlete ia passar uma temporada. Ele fazia um mocotó... huummmm... que não tinha para ninguém. Ele tomava o caldinho de mocotó no copo e aprendi com ele... huuummmm de novo... e era uma delícia. O pai do meu avô Moa era alemão, daí meu sobrenome Kistenmacker. Meu nome completo é Aline Kistenmacker Barros Santos, este acrescentado depois de casada. Podia ter tirado o sobrenome alemão, mas preferi deixar, mesmo ficando com um nome grandão à beça, mas que adoro.

Quando nasci, foi uma festa para todos da minha família, fui a primeira neta de ambos os lados. A família do meu pai era menor. Minha avó Walquíria teve apenas dois filhos, meu pai e sua irmã, tia Rosane, dez anos mais nova do que ele. Tenho só dois primos por parte de pai, Leonardo e Luciano.

Minha mãe, porém, tem três irmãos: tia Márcia, tio Paulo e tia Rosângela, que chamo até hoje de tia Zanza. Tia Márcia tem três filhos: Jônatas, Davi e Raquel. Ela perdeu oito filhos e, quando conseguiu engravidar, deu o nome de Jônatas ao primogênito, que significa dádiva, presente de Deus. Tia Zanza tem também três filhos: Bruno, Gabriela e Gabriel. Tio Paulo tem dois meninos: Jônatas e Natan.

Sou muito apegada à Gabriela, ela foi minha boneca na infância. Raquelzinha é menor, da mesma idade do Gabriel. Quando Gabriel nasceu, tia Zanza passou muito mal, esteve entre a vida e a morte, ficou internada um tempo e quem amamentou o neném foi tia Márcia, que tinha acabado de ter Raquel. Uma história linda. Nós oramos muito pela tia Zanza, para Deus dar-lhe vitória, e o Senhor fez um milagre. Depois disso ela se converteu, entregou a vida para Jesus, e Deus fez assim uma revolução na sua casa. "Eu e a minha família serviremos a Deus, o Senhor" (Josué 24:15, NTLH).

Tenho muito orgulho da minha família.

"Orem sempre."
(1 Tessalonicenses 5:17, NTLH)

Quero te adorar
Quero ouvir somente a tua voz
E guardar tuas palavras
Em meu coração
Toma minha vida, Senhor
Quero te glorificar

EMANUEL

Aline Barros

3

Perseverança

"Deus dará vida eterna às pessoas que perseveram em fazer o bem e buscam a glória, a honra e a vida imortal."

(Romanos 2:7, NTLH)

Meu pai era músico, guitarrista, cabeludão, tocava em bailes; chegou a fazer parte do conjunto do Lafayette, que fez o maior sucesso na época da Jovem Guarda. Tocou também no Brazilian Boys e com Tim Maia. Quando eu tinha 2 anos de idade, meus pais conheceram Jesus. A conversão aconteceu por meio do Pastor Marco Antonio, que hoje é meu pastor. Ele nem era pastor na época, mas tinha um grande apreço pelo meu pai, eles eram grandes amigos. Meus pais viviam em conflito, não haviam entendido realmente o que é ter uma família feliz, um verdadeiro casamento, em que a base de tudo é Jesus. A Palavra de Deus diz: o amor não arde em ciúmes. "Quem ama é paciente e bondoso; quem ama não é ciumento, nem orgulhoso, nem vaidoso; quem ama não é grosseiro nem egoísta, não fica irritado, nem guarda mágoas; quem ama não fica alegre quando alguém faz uma coisa errada, mas se alegra quando alguém faz o que é certo; quem ama nunca desiste, porém suporta tudo com fé, esperança e paciência. O amor é eterno" (1 Coríntios 13:4-8). O ciúme em excesso gera uma insegurança muito grande e em um relacionamento é preciso existir a confiança, a certeza da fidelidade, do respeito, do diálogo, da verdade. Na época meus pais não tinham essa base, porque não conheciam Jesus.

Pastor Marco Antonio, antes de conhecer Jesus, tocava com meu pai, vivia no mesmo ambiente, frequentava a mesma rodinha. Quando conheceu Jesus, ele se lembrou imediatamente do meu pai e começou a investir na vida dele. Por três vezes ele se acidentou quando se dirigia à casa da minha avó para falar de Jesus para meu pai. Ele teve três acidentes seriíssimos de moto por ir até lá evangelizar, falar do amor de Deus. Pastor Marco Antonio perseverou, não desistiu de evangelizar meu pai, assim como Deus não desiste de nenhum de nós. Mesmo com nossos erros e falhas, ele nos ama incondicionalmente; não importa sua condição, ele não abre mão de você. Pastor Marco, embora tenha sofrido os acidentes, continuou persistente, falando do amor de Deus, tentando não deixar que a vida do meu pai se perdesse.

E você, desiste?

Você não pode desistir. A gente, às vezes, desiste muito fácil das coisas, das pessoas, dos nossos objetivos, das nossas metas. Se você tem orado por alguém, tem desejado ver alguma pessoa nos caminhos do Senhor, para que sua vida e história sejam mudadas, vale a pena persistir. Porque Deus vai honrar sua fé. A vida do meu pai é prova disso. Ele teve seu coração totalmente transformado e sua vida, sua família, seu futuro se modificaram. Minha história é diferente porque um dia Pastor Marco Antonio resolveu investir na vida do meu pai. E persistiu. E não desistiu. Pastor Marco foi até o final, sem esmorecer, só parou quando meu pai entregou o coração para Jesus. Aí já era com Deus. Deus estava agindo, meu pai estava sendo conduzido. Meu pai chamou minha mãe para ir à igreja presbiteriana de Irajá, os dois juntos aceitaram Jesus e começou a grande mudança na vida deles. O maior milagre é quando Deus transforma a vida de um homem e de uma mulher. A história que Deus tinha para a casa do meu pai era muito linda, como prova o que está acontecendo hoje. Contudo, naquele momento, quem ia imaginar? Ninguém, mas Deus já sabia desse projeto. O inimigo, no entanto, também sabia e fez de tudo para que Pastor Marco desistisse, porém ele foi até o final, ganhou meu pai para Jesus. E toda a nossa história foi mudada, houve uma revolução na nossa casa. "Ele nos libertou do poder da escuridão e nos trouxe em segurança para o Reino do seu filho amado" (Colossenses 1:13, NTLH).

Quando eu penso na minha infância, agradeço a Deus por meus pais terem encontrado o caminho, a Palavra, Jesus.

ELE É DONO DO OURO E DA PRATA

Minha família era bem simples. Não tínhamos luxos, nem dinheiro sobrava. Após a conversão, meu pai se afastou um pouco da música e decidiu abraçar outras coisas também na vida profissional. Começou na estrada, foi caminhoneiro, aos pouquinhos foi crescendo, chegou a ter uma pequena empresa de transportes. Depois passou a distribuir laticínios. Nossa vida, porém, continuou bem simples. Houve muito esforço dos meus pais para que tivéssemos ao menos o básico. Meu pai sempre foi um homem que fez o possível e o impossível para poder dar à sua família pelo menos o mínimo de uma estrutura que trouxesse algum conforto.

Meu irmão e eu, por exemplo, estudamos em colégio particular. Mas não havia luxos na casa. O sobradinho tinha muitos problemas de goteira; quando chovia, era aquele corre-corre pela casa: a gente saía catando balde para colocar embaixo das goteiras, puxava o colchão de um lado para o outro para não molhar, virava tudo uma grande brincadeira e a gente acabava rindo às gargalhadas. E quando chovia e estava todo mundo dormindo? Ai, meu Deus, caía aquele pingo gelado na cabeça, que dava até calafrio. E todo mundo tinha que acordar correndo para não molhar a casa toda.

Graças a Deus, não tenho do que me queixar. Por mais simples que fosse nossa vida, isso nunca foi motivo para trazer tristeza para nosso coração. Nós nos sentíamos unidos, íntegros, porque havia Jesus na nossa vida, e essa foi a alegria que completou nosso coração. É lógico que o dinheiro é bom e dá a possibilidade de você ter o que sonha, o que deseja, o que almeja como ser humano, mas não é o dinheiro que vai trazer total felicidade para sua vida ou para seu coração. "Quem ama o dinheiro nunca ficará satisfeito; quem tem a ambição de ficar rico nunca terá tudo o que quer. Isso também é ilusão" (Eclesiastes 5:10, NTLH). Eu conheço gente que tem muito dinheiro e é infeliz. Já vi muitas pessoas milionárias tentando tirar a própria vida. E por que será? Você já parou para pensar? Você tem a interrogação e eu tenho a exclamação. Essas pessoas precisam de Jesus, porque o dinheiro não é tudo, apenas acumular riquezas nesta terra não deu a elas aquilo que, de fato, poderia preencher o vazio de seu coração. Deus quer que sejamos prósperos, Deus quer que sejamos ricos, não somente no natural. Deus quer encher nosso coração da riqueza de Sua presença.

"Não se deixem dominar pelo amor ao dinheiro e fiquem satisfeitos com o que vocês têm, pois Deus disse: eu nunca os deixarei e jamais os abandonarei" (Hebreus 13:5, NTLH). Nós éramos simples, lutávamos com algumas dificuldades, mas a alegria, a felicidade, a riqueza da presença de Deus faziam parte de nossa vida todos os dias. Como fazem até hoje!

DEUS TRAÇA SEMPRE O MELHOR CAMINHO PARA AS PESSOAS

Uma das recordações da minha infância foi o dia em que fui vender cachorro-quente na feira. Minha mãe, para ajudar meu pai, fazia salgadinhos em casa, com tia Márcia, que também tem mão maravilhosa para cozinha. Meu pai vendia salgadinhos nas empresas, minha mãe comprou uma banquinha e resolveu colocar na feira. Um dia ela me disse que eu ia ficar vendendo cachorro-quente na banquinha. Eu fui, e nada de ninguém comprar cachorro-quente. Fiquei lá o dia inteirinho, e nada acontecia. Até que apareceu um rapaz; acho que ele ficou com pena de mim, aquela garotinha com cara de quem não tinha vendido nada — e não tinha mesmo! —, e comprou um cachorro-quente, o único que saiu da banquinha naquele dia. Ele só comprou para pelo menos arrancar um sorriso de mim, porque eu não estava aguentando mais, com aquele sol na cabeça, vendo todo mundo passar, os feirantes vendendo tudo, e eu, sentada ali, NADA. Cada um tem seu dom e vender é um deles. Ainda bem que descobri que o meu era cantar, porque, se eu dependesse de vender cachorro-quente, estava frita. Deus, porém, traça sempre o melhor caminho para as pessoas. "Cada um tem o dom que Deus lhe deu; um tem este dom, e outro, aquele" (1 Coríntios 7:7, NTLH).

Quando penso na minha infância, agradeço a Deus pelo dom que ele me deu!

Como meus pais se converteram quando eu era ainda muito menina, posso dizer que a vida toda estive perto das pessoas da igreja, o que foi uma bênção. Nunca tive muitos amiguinhos na rua, sempre fui caseira e não gostava de ficar brincando na calçada. Gostava mesmo era do quintal da casa da minha avó. E para lá iam alguns vizinhos e amiguinhos da igreja. Na adolescência, minha roda de amigos também foi basicamente a turma da igreja. Era com ela que eu ia para a praça tomar sorvete, jogar conversa fora, ir ao cinema. É claro que tive amigos tanto no Colégio Filadelfo Azevedo como, depois, no São Fabiano e no Pentágono. Mas meu carinho especial sempre foi para minha turma da igreja.

Isso me tornou diferente das outras meninas? Alvo de preconceito? Já me perguntaram isso algumas vezes e jamais hesitei em dizer: "Talvez pelo meu posicionamento, sim." Eu me identificava mais com meus amigos da igreja, e isso foi bem natural, porque pensávamos de forma diferente dos outros adolescentes, nossas prioridades, nossos objetivos eram outros. Minhas amigas da escola tinham outras metas e sabiam que eu pensava diferente. Mesmo assim, me convidavam para as festinhas — eram chamadas *hi-fi* —, mas eu preferia não ir, porque as conversas e tudo o mais giravam em torno de "ficar" e sobre virgindade — claro que tinha aquela que era da "pá virada". Sempre fui muito firme e convicta nas minhas posições sobre virgindade e não queria "ficar" com ninguém. Gostei de vários meninos na escola, natural, mas não queria namorar. Ficava com aquele sentimentozinho que toda menina tem, mandava bilhetinho, escrevia versos no caderno, e só.

GASTEI MEU TEMPO COM O QUE SERIA ETERNO PARA MIM: DEUS

Namorar para quê? Queria namorar a pessoa certa na hora certa. Meus pais me passaram muito claramente a ideia de que namorar por namorar não chegava a lugar algum. Eu não estava preocupada em ter um namorado só para dizer que tinha ou para ficar bem na rodinha do colégio. Sempre soube que quando namorasse alguém seria com a intenção de casar. Não queria investir um tempo em alguma coisa que talvez fosse se perder no futuro. Preferia canalizar minha força, meu tempo, meu pensamento, minha energia para alguma coisa que fosse construtiva e que me desse retorno futuro, para projetos que me dessem uma base para o meu amanhã. E foi o que fiz. Preferi gastar meu tempo com o que seria eterno para mim: Deus. Passava horas do meu dia orando e buscando Deus.

Meus colegas de escola respeitavam minha vida por causa do meu posicionamento e testemunho. Sempre deixei claras minhas opções, mas também nunca fiquei apontando o dedo para quem vivia de forma diferente da minha. Até porque, no meu lugar, Jesus não faria isso, pois ele não veio para julgar, e sim para amar. Apenas mostrava para eles, através do meu testemunho, como era meu estilo de vida e esclarecia bem que todos têm liberdade para escolher o que querem fazer, mas também colherão o que plantaram e seus futuros serão frutos de suas escolhas. Ninguém recriminava ninguém e assim passei meus anos na escola, fazendo trabalho de grupo, brincando, dando risada, um relacionamento bastante saudável. Com essa minha forma de ser amável, simples, ganhei muitos dos meus colegas para Jesus.

É claro que com a maioria das pessoas a relação começava e acabava na escola. Mas fiz também boas amigas. Eu me lembro bem da Raquel, uma negrinha arretada, que usava um aplique de rabo de cavalo e tinha uma risada marcante. Quando ela chegava, todo mundo sabia. Eu gostava muito da Raquel, foi uma pessoa muito querida. Danielle foi minha amiga desde a segunda série, e com ela estudei até a oitava. Evangelizei Danielle, ela foi para a igreja, aí a família dela ficou muito próxima da minha, minha mãe sempre com a mãe dela, a quem chamo de tia Sônia. A história de vida daquela família era completamente outra e mudou radicalmente. Todos começaram a viver coisas que não viviam e foi uma história muito linda. Meu Deus, que boas recordações tenho da escola!

Quando penso na infância e na adolescência, sei que a melhor coisa que pôde me acontecer foi ter encontrado Jesus no momento certo. E só posso agradecer aos meus pais e ao Pastor Marco Antonio, que perseverou para que nossa história fosse mudada.

Sou muito feliz por estar bem com minha família, com meu relacionamento com Deus, com minha igreja, comigo mesma. Isso me completa, me faz ser uma pessoa feliz, realizada. Eu sou assim, uma jovem senhora realizada. Risos e risos. Eu mesma acho estranho, engraçado, me ouvir dizer "jovem senhora". Mas é o que sou, não é mesmo? O tempo passa e, ainda bem, me traz mais sabedoria e amor a Deus.

"Estejam alertas, fiquem firmes na fé, sejam corajosos, sejam fortes, que tudo o que vocês fizerem seja feito com amor."

(1 Coríntios 16:13,14, NTLH)

Ao Rei dos reis consagro
Tudo o que sou
De gratos louvores transborda o meu coração
A minha vida eu entrego
Nas tuas mãos, meu Senhor
Pra te exaltar
Com todo o meu amor

CONSAGRAÇÃO

Anderson Mattos e Marcelo Mattos

4

Conversão

> "Amarás, pois, o Senhor teu Deus de todo o teu coração,
> e de toda a tua alma, e de todas as tuas forças."
>
> (Deuteronômio 6:5, ARC)

Minha vida sempre foi orar, falar com Deus, abrir meu coração e me entregar para ele. Quando estava no meu quartinho, sozinha com Deus, eu me derretia. Minha história foi essa, gastar a maior parte do tempo com Deus. Passava momentos preciosos dentro do meu quarto adorando o Senhor, lendo sua Palavra e agradecendo a ele pelo dom que havia me dado. Em casa, na escola, na igreja, não importava onde, meu desejo era louvá-lo o tempo todo. "Eu sempre darei graças a Deus, o Senhor; o seu louvor estará nos meus lábios o dia inteiro" (Salmo 34:1, NTLH).

Você já pensou sobre isso? Em quê gasta seu tempo? Certamente é naquilo que mais valoriza. Para mim, o maior valor, a essência, sempre foi Deus.

Meu pai e minha mãe nunca me impuseram nada. Jamais me disseram: "Você tem que seguir por esse caminho." De forma alguma. Quando eu tinha 12 anos, tomei a decisão de servir, de seguir com Jesus no coração. Chega uma hora na vida em que a decisão tem que ser nossa. Ou você entra de cabeça naquilo em que acredita, ou fica em cima do muro e toma pedra de todos os lados. É claro que me fiz perguntas: "Será que é esse o caminho que eu quero?", "Será que essa é a trajetória que busco para minha vida?" Meus pais me ensinaram, me mostraram e me apontaram a direção. Mas eu ia querer permanecer nela? Era chegado o momento de dizer sim ou não. O que ia decidir então? Nossa vida é feita de escolhas e imagino que meus pais estavam orando para que eu tivesse uma linda experiência com Jesus.

A salvação é individual, meus pais eram evangélicos, mas não seria por isso que seria salva. Deus dá o livre-arbítrio para que seja feita uma escolha. Acho que por volta dos 12 anos uma criança que cresce na igreja sabe discernir o que quer e pode fazer sua escolha. Eu me lembro de ter sentido naquela época o toque de Deus. Aquele amor imenso que invade você, uma experiência muito linda.

EU QUERO JESUS NA MINHA VIDA

Toda igreja tem um departamento infantil, onde as crianças ficam na hora do culto, são orientadas por professores sobre temas como fé, obediência, respeito, leem algumas histórias da Bíblia, e desde cedo os princípios vão sendo fixados e trabalhados na sua vida. Não é simplesmente uma sala na qual as crianças passam o tempo brincando. Em um desses dias de escolinha, como chamava, na Comunidade da Vila da Penha, senti algo muito forte. Nem tenho como explicar, não encontro palavras para descrever, mas é algo tão bom, que o envolve de tal forma que você sabe verdadeiramente que Jesus está ali ao seu lado, aquele momento é seu e dele. Aconteceu comigo e aquilo tocou meu coração tão fortemente que comecei a chorar na mesma hora, em um misto de emoção e alegria. Minha vontade era que tal momento jamais passasse. Aquilo marcou muito minha vida. Na mesma noite, a professora perguntou: "Quem quer aceitar Jesus?" E eu levantei a mão. "Eu quero Jesus em minha vida. Eu sei que meus pais têm Jesus no coração, mas eu preciso dizer sim para ele também." Aceitei Jesus e foi o grande dia da minha vida, uma experiência maravilhosa... O próximo passo foi me batizar, e esperei por esse dia com muita expectativa.

JESUS É O CAMINHO, A SALVAÇÃO

Não consigo me imaginar longe de Jesus, mas, se eu não fosse evangélica, não estivesse na igreja, não tivesse Jesus no coração, não passasse adiante a Palavra, não sei o que poderia estar fazendo hoje. Tenho certeza de que não estaria melhor do que estou, porque o melhor lugar para se estar é no centro da vontade de Deus. Poderia até, de repente, estar em uma posição mais elevada, talvez financeiramente melhor ou fazendo alguma coisa que me estampasse nas primeiras páginas de jornais do Brasil e do mundo. Ou talvez não. Mas interiormente eu não estaria completa, não seria tão feliz e não teria essa paz que tenho hoje. Por não conhecê-lo de perto, talvez fizesse escolhas erradas na minha vida que me levassem a percorrer uma estrada e chegar a um lugar em que a porta estivesse fechada, sem saber como voltar.

A Bíblia é muito linda, porque ajuda, orienta e ensina a fazer boas escolhas. E isso influencia sua vida futura. Por eu conhecer Jesus e a Palavra de Deus muito nova, pude pegar um caminho que não desse em um labirinto. Sabe aquela brincadeira em que se tem que levar o ratinho até o queijo pelo caminho mais curto? Se você não souber fazer boas escolhas, vai encontrando barreiras, e aí volta tudo, pega outro caminho e encontra novas barreiras. Com Jesus, valorizando aquilo que Deus ensinou na sua Palavra, se consegue chegar mais rápido à posição que ele pensou e idealizou para você. Sem passar pelo labirinto. Indo diretamente. Aquilo que se pensa, que se idealiza, é sempre muito menos do que Deus quer para cada um de nós. O que ele idealizou para você, o que ele projetou para você é algo muito lindo, uma história de sucesso com final feliz. Tenho certeza de que, se não estivesse na igreja, talvez chegasse a um nível X, mas jamais ao dois X, que é o que ele idealizou para mim. Talvez pudesse alçar voos, porém não voaria tão alto como a águia. Deus quer colocar você em lugares altos. O Senhor diz: "os meus pensamentos não são como os seus pensamentos. [...] Assim como o Céu está muito acima da Terra, assim os Meus pensamentos e Minhas ações estão muito acima dos seus" (Isaías 55:8,9, NTLH).

AMANDO A IGREJA SEMPRE

Aprendi desde pequena a amar minha igreja, e meus pais eram um grande exemplo disso para mim, eu via como eles serviam. Sempre tive a cobertura e o respaldo da igreja em tudo o que fazia. Eu me lembro das inúmeras vezes em que, bem pequena, fui ungida pelo Pastor Ari, sempre recebendo palavras de

Deus que fortaleciam meu coração, as promessas dele para minha vida. Desde cedo dei um enorme valor à minha igreja. Mas meu amor pela igreja nunca foi tão intenso como nesses anos mais recentes.

A própria Palavra ensina isso, Jesus fala a respeito da igreja e da importância de você construir uma história, de você criar e aprofundar suas raízes, porque é isso que dá sustento. Assim como a planta extrai da terra o melhor — a água, os sais minerais —, nós extraímos da igreja nosso alimento, aquilo que nos fortifica e faz crescer. É nela que se come e se bebe — ouvindo a Palavra, trabalhando, servindo ao Senhor. É isso tudo que faz com que amadureçamos e cresçamos como seres humanos.

> "Uma coisa pedi ao Senhor e a buscarei: que possa morar na casa do Senhor todos os dias da minha vida, para contemplar a formosura do Senhor e aprender no seu templo."
> (Salmo 27:4, ARC)

O QUE VOCÊ PODE FAZER POR SUA IGREJA?

Na realidade, nosso ministério começa na igreja e, se você quer crescer, tem que servir a ela. Quando precisei parar e rever diversas coisas na minha vida, pude entender mais o valor da igreja na sua essência, aquilo que Jesus falava na própria Palavra. Quando se está na casa de Deus, você tem respaldo, proteção, direção, visão. A igreja é como uma família na qual Cristo é o cabeça.

Na igreja você faz parte de um time e se torna muito mais forte por isso. Acho que dois, três, cinco, mil trabalhando por uma causa podem fazer muito mais do que uma pessoa sozinha. O líder aponta e todos podem caminhar sabendo que aquilo vai direcionar para o lugar que Deus quer. Você está sob um princípio que se chama autoridade, servindo a um ministério engajado em uma mesma visão, por uma causa única. Você não se torna uma pessoa solitária, atirando para todos os lados, mas possui um alvo.

Agradeço muito a Deus pela vida do Pastor Marco Antonio, que hoje é meu pastor, cobre minha vida, minha casa. Ele é nosso pai espiritual, nosso pai na fé. Toda a minha família faz parte da Comunidade Internacional da Zona Sul e temos a cobertura espiritual do Pastor Marco e da Pastora Juçara. Amo meus pastores e com eles tenho aprendido a amar mais ainda a igreja, a viver rompendo em fé. Pastor Marco e Pastor Ari fundaram há muitos anos a Comunidade da Vila da Penha. Minha família ficou sob a cobertura deles por muito tempo, até que o Pastor Marco sentiu a direção de Deus de abrir um trabalho, uma igreja na zona sul do Rio de Janeiro, a Comunidade Internacional da Zona Sul. Pastor Ari ficou na Vila da Penha e continuamos lá por alguns anos. Meus pais, aliás, foram ordenados pastores pelo Pastor Ari. Depois de um tempo, meu pai acabou se unindo ao Pastor Marco e hoje faz parte de sua equipe na Comunidade Internacional da Zona Sul. Gilmar, meu esposo, se converteu ouvindo o testemunho de um atleta, também jogador de futebol, Paulo Silas, conheceu Pastor Jabes e se tornou membro da Assembleia de Deus do Bom Retiro, em São Paulo. Depois do casamento, nos unimos à Comunidade da Zona Sul e fomos ordenados pastores no Flamengo pelo Pastor Marco em 2 de dezembro de 2007, dia que jamais vou esquecer. Meu irmão Rafael também é homem de fé, é guitarrista e ajuda no louvor da igreja. Tenho uma vida muito agitada, viajo muito por este Brasil, mas não abro mão de todos os domingos estar com meu time na Comunidade Internacional da Zona Sul. É isso que me enriquece, me fortalece e me faz feliz.

"AS PORTAS DO INFERNO NÃO PREVALECERÃO CONTRA A IGREJA" (MATEUS 16:18, ARC)

Igreja, para mim, é pele, é proteção para a vida. Amo servir à minha igreja, amo estar ali e poder fazer o que for preciso, não somente ligado à área da música — porque hoje atuo muito no ministério do louvor da Comunidade da Zona Sul —, mas também servindo onde puder. Se a igreja precisar de mim para ficar na portaria esperando as pessoas, recebendo-as com um cumprimento, um sorriso, estarei lá. Uma vez me prontifiquei a fazer isso, estar na entrada da igreja, com meu esposo. Meus pastores falaram assim: "Ok! Se você quer, então vá lá, receba as pessoas." E nós fomos. Foi muito legal a experiência de olhar para as pessoas, saber que muitas estavam com a expectativa de receber algo, de ouvir Deus falar, algumas entrando alegres, outras cruzando a porta tristes, gente desempregada, gente no melhor momento de sua vida, algumas desesperadas por causa de uma doença, outras querendo simplesmente um abraço porque se sentiam sozinhas. Eu recebia essas pessoas, olhava nos olhos delas e falava: "Seja bem-vindo. Este vai ser o seu dia, creia nisso, vai ser um culto especial na sua vida, Deus falará com você de uma forma nova, Deus fará um milagre na sua vida, você vai sair diferente de como entrou, Deus vai falar no seu coração." Tudo se modificava imediatamente. As pessoas já entravam de maneira completamente nova, diferente, eu percebia que muitas delas se surpreendiam ao me ver ali.

Muitas levaram um susto quando me viram ao lado do Gilmar na porta da igreja. Algumas pensaram, outras falaram: "Se vocês estão aqui, acho que estou servindo muito pouco, posso fazer mais. O que devo fazer para contribuir, para estar junto, para somar? O que Deus espera de mim?" Foi um momento coletivo de reflexão. O próprio Pastor Marco nos contou que uma dessas pessoas disse que não precisava de mais nada, porque nossa atitude tinha sido uma grande lição. "Deus já falou ao meu coração, pastor, de uma forma que eu nem esperava", ela confessou. É lindo demais ver esse retorno, que nasceu da simples vontade de servir à minha igreja, de ser aquela pessoa que se mistura no meio do povo e o recebe com o coração aberto, um sorriso nos lábios e uma promessa no coração.

E VOCÊ? PASSA ADIANTE AQUILO QUE APRENDE, SEU AMOR À IGREJA?

Faça isso! Tenho ensinado esses valores ao meu filho. Na realidade, não apenas em palavras, mas em atitudes. Certa vez perguntei a Nicolas: "Filho, você vai querer tocar na banda da mamãe quando crescer?" Eu estava pronta para ouvir um sim, meus olhos brilhavam, porém meu filho disse: "Mãe, quero tocar na igreja." Naquele primeiro momento desarmei, mas logo o Espírito Santo falou ao coração: "Você tem sido o maior exemplo para seu filho e ele consegue ver seu amor em servir à igreja." Então agradeci a Deus. Volto a dizer, nosso potencial e chamado são descobertos na igreja. Valorize isso. Minha vida tem influenciado diretamente a vida do meu filho. "Glória a Deus por meio da igreja e, por meio de Cristo Jesus; por todos os tempos e para todo o sempre, amém" (Efésios 3:21, NTLH).

> "... o filho do homem não veio para ser servido, mas para servir e dar a sua vida para salvar muita gente."
>
> (Mateus 20:28, NTLH)

Meu coração e o do Gilmar sempre foram de entrega, de doação. Desde que meu marido começou o projeto de doação de cestas básicas, em troca de camisas de jogadores de futebol, temos levado alimento para crianças de orfanatos e doado nosso amor e nossa esperança. Com minha igreja, também pude exercer muito esse meu lado. Sempre encontramos um tempo para visitar presídios, hospitais, instituições que trabalham com idosos ou com crianças. Acho esse trabalho fundamental e, de um tempo para cá, embora tenha muitos compromissos, venho fazendo com mais frequência, com outras pessoas da igreja. É uma turma que se junta nesse mutirão de solidariedade. "Em tudo tenho mostrado a vocês que é trabalhando assim que podemos ajudar aos necessitados. Lembrem das palavras do Senhor Jesus, é mais feliz quem dá do que quem recebe" (Atos 20:35, NTLH).

É maravilhoso poder se doar, se entregar. Vivi, por exemplo, uma experiência única quando fui visitar mulheres no presídio e pude ver que muitas delas, embora delimitadas pelo espaço, estavam completamente livres por dentro, porque já haviam conhecido Jesus. Quantas mulheres livres estão completamente presas no seu interior, nas suas emoções! Não estou generalizando, é claro que há tristeza nos presídios, mas muitas mulheres que conheceram Jesus tiveram sua vida mudada pela experiência que tiveram com Deus. Outras estavam em processo de mudança e outras, ainda, precisavam realmente de libertação. A função da igreja é esta: ir em busca do necessitado, se misturar com o povo. Naquele dia no presídio, tive a oportunidade de cantar; pregamos a Palavra, levamos nossos grupos de teatro e dança e pude ver nos olhos daquelas mulheres a alegria por serem livres por dentro, soltas completamente. Muitas não sonhavam mais e voltaram a sonhar. Jesus pode tudo — e víamos isso claramente naquele lugar. No mesmo dia, outras mulheres também entregaram sua vida para Jesus.

Quando estamos em abrigos, é importante compartilhar um pouco de amor; às vezes uma pessoa só precisa de um abraço, de um aperto de mão, de um sorriso, de saber que é amada, que é querida. Muitas não me conhecem; outras, sim. Em um abrigo que minha igreja costumava visitar, havia uma senhora que não saía da cama e queria muito me conhecer. Comecei a tentar conciliar meus compromissos para poder ir lá, mas antes disso ela veio a mim. O médico a liberou e ela foi de maca ao Maracanãzinho para participar da maior conferência de mulheres, Herdeira, organizada uma vez por ano pela nossa igreja. Ela ficou lá, no meio das mulheres, porém seu desejo de receber algo mais era tão intenso que naquela noite mesmo teve uma experiência que marcou tremendamente sua vida. Colocaram uma coroinha de princesa na sua cabeça cheguei perto dela, que, quando me viu, se emocionou muito. Abracei-a, fiz-lhe carinho e oramos juntas.

Depois de um tempo estive no abrigo e aquela mulher, mesmo deitada em uma maca, em um lugar onde as pessoas se sentem sozinhas, havia contagiado a todos, pelo encontro que tivera com Deus. Ela podia até estar deitada, mas seu coração agora estava de pé, erguido para viver um novo tempo, tinha Jesus, o que fazia com que ela brilhasse, e esse brilho ela transmitia aos seus companheiros. Deus tem sido bondoso, fiel e feito o coração daquela mulher transbordar em alegria, para que ela possa oferecê-la para as pessoas a seu redor. Isso é muito importante, porque nós vamos lá de vez em quando, fazemos o que é possível, liberamos nosso amor, nosso carinho, nosso cuidado. Deus age na vida daquelas pessoas sempre e vemos esse fruto se espalhar.

Ser solidário é respeitar, é amar. É você parar de se preocupar apenas consigo mesmo, com os próprios problemas, achando que eles são maiores do que os de todo mundo. Do seu lado tem gente vivendo problemas também. Jesus Cristo, no momento mais difícil de sua vida, quando estava na cruz, não se preocupou consigo mesmo, mas olhou para os lados, para os dois ladrões. E aquele que abriu seu coração foi salvo. "Hoje mesmo você estará comigo no Paraíso." É essa referência, Jesus, que precisamos ter na nossa vida.

Chega de ficar no seu mundinho se lamentando: "Ah, não estou bem, não." Um ano depois: "Não estou legal, não." E outro ano: "Estou vivendo um problemão." Olhe para a vida de outra maneira, encare seu próximo de modo diferente. Busque uma forma de ajudar os outros, procure o reino de Deus em primeiro lugar, que Deus vai se preocupar com você. Se você ama seu próximo como a si mesmo, Deus supre sua carência, resolve seu problema, indica a direção e dá a solução.

> "O universo todo espera com muita impaciência
> o momento em que Deus vai revelar o que os seus
> filhos realmente são."
>
> (Romanos 8:19, NTLH)

Quero fazer valer
Tua Palavra em mim
Pra que o doente tenha onde
se curar
Quero fazer valer
Tua Palavra em mim

A tua Palavra
Marcelo Mattos

5

Honra

"Respeite o seu pai e a sua mãe, para que você viva muito tempo na terra que estou lhe dando."

(Êxodo 20:12, NTLH)

Meus pais evitaram que eu passasse por frustrações que eles passaram. Quando você conhece a Palavra cedo, menos erros comete. "Como vocês estão errados não conhecendo nem as Escrituras Sagradas, nem o poder de Deus" (Mateus 22:29). Agradeço a Deus todos os dias pelo cuidado que ele teve com minha vida ao me cercar de pessoas tão especiais como meus pais. Ele me deu uma família única, que conheceu Jesus logo e me fez também encontrar seus ensinamentos ainda criança. O casamento dos meus pais é referência para muita gente, em especial para mim e para meu irmão, e isso influenciou decisivamente nossa vida, nossas escolhas pessoais e profissionais.

Há quem diga, sem muita sabedoria, que o respeito aos pais está fora de moda. Que bobagem, que ideia errônea, equivocada! Não abro mão de amar, respeitar e valorizar os conselhos dos meus pais, embora nos padrões do mundo atual isso esteja sendo pouco valorizado. Meu coração assim me diz: "Respeite seus pais sempre e por toda a vida." Faço questão de honrar meus pais, independentemente de idade, da minha condição de mulher casada, de qualquer coisa. A Bíblia me ensinou isto: quem honra pai e mãe tem seus dias prolongados na Terra. Isso significa que se vai viver mais — é uma promessa de Deus. A Bíblia é cheia de promessas, porém é nessa em que meus olhos se fixam mais. Respeito, valorizo, honro meus pais.

A VERDADEIRA HONRA PROCEDE PRIMEIRAMENTE DO CORAÇÃO

O que é honrar?

Honrar é valorizar, colocar acima de qualquer coisa, além de uma condição comum. Isso é importante, precioso, e não se pode perder de maneira alguma. A honra não se manifesta só nas atitudes, nas palavras; até nos pensamentos é necessário estar consciente dessa necessidade: pode-se honrar aquilo que se pensa. E a Bíblia é muito mais ampla, porque fala de honrar toda e qualquer autoridade sobre sua vida, quem está acima de você, líderes espirituais, autoridades que são colocadas para governar em posições que foram estabelecidas para ajudar o povo. É preciso saber honrar. E o que mais se vê hoje em dia são pessoas falando mal, desonrando governantes. Nosso papel não é esse: é orar, abençoar, o que acho ser uma honra. É claro que você pode ter opiniões diferentes dos outros, porém tem que saber colocar suas ideias, suas palavras de uma forma que não agrida. Talvez não seja tão fácil, mas, para conseguir isso, é preciso entender que a verdadeira honra procede primeiramente do coração e então se refletirá em tudo o que se faz.

Vale a pena você parar e pensar um pouco sobre isso!

A questão da honra é bem complexa. Aprendi que podemos honrar, desonrar ou reter a honra. Muitos honram, outros desonram com suas atitudes, suas palavras, sua forma de pensar. *Encham a mente de vocês com tudo o que é bom e merece elogios, isto é, tudo o que é verdadeiro, digno, correto, puro, agradável e decente* (Filipenses 4:8, NTLH). Há quem retenha a honra: são aqueles que têm oportunidade de honrar, mas não o fazem. Sempre que houver a oportunidade de honrar seus pais, seus pastores, seus líderes, seu chefe do trabalho ou qualquer outra autoridade, faça-o. Por que não fazer? Não adianta dizer: "Mas eu não desonro meus pais." Se não os honra é porque não sabe demonstrar seu amor, o valor que eles têm para sua vida. Quem retém a honra retém a bênção de Deus. Todas as vezes que honramos somos recompensados. Deus nos abençoa, existem recompensas que são liberadas para nós no reino espiritual.

QUEM HONRA OS PRÓPRIOS PAIS UM DIA VAI SER HONRADO PELOS FILHOS

Eu me preocupo muito ao ver uma geração que não está nem aí para o que é honrar. São jovens que não estão interessados em honrar, deixar de honrar, às vezes nem conversam com os pais ou falam com uma agressividade que não seria permitida nem com um amiguinho do colégio. Essa desvalorização, que é incentivada por muitos, fica cada vez mais arraigada. Honrar, que coisa mais careta! Que coisa ultrapassada! Pedir a bênção dos pais, ouvir seus conselhos? "Ah, é 'quadrado', faz parte de uma geração que não me entende, hoje eu sou da geração que tudo pode, geração descartável (usou, joga fora), geração *fast-food* (é tudo rapidinho, quer tudo na mão imediatamente e tem respostas rápidas na ponta da língua). Hoje é tudo diferente.", argumentam sem pensar. Não há nada diferente, os caminhos para chegar a uma vida de sucesso continuam os mesmos. Nada mudou. Os conselhos da Palavra de Deus são os mesmos.

É tempo de os jovens acordarem, para que lá na frente possam colher bons frutos. Porque quem honra os próprios pais um dia vai ser honrado pelos filhos. Se seus filhos só virem desonra, certamente surgirão frutos bem amargos no futuro. Eu, como mãe, faço questão de ensinar ao meu filho, orientá-lo, mostrar-lhe o caminho. Assim como meus pais fizeram comigo. Sem imposições. Ao seguir o caminho dos meus pais, sempre os honrando, soube que estaria construindo para mim uma vida com um lar sólido, uma família feliz e filhos abençoados.

> "Toda árvore que não dá frutas boas é cortada
> e jogada no fogo."
>
> (Mateus 7:19, NTLH)

Quando a semente da Palavra é lançada em sua vida, os frutos serão bonitos, viçosos, gostosos e muito doces, pois seu interior fará de você uma pessoa linda; serão frutos que agradam, atraem pessoas e seguramente conduzem ao amor do Pai. Há alguns dias, resolvendo algumas coisas relacionadas à cozinha da minha casa, conheci a dona de uma loja que, depois de eu ter estado lá algumas vezes para finalizar o projeto, me disse: "Desde o momento em que conheci você, estou sentindo algo diferente, você me passa algo que não sei explicar o que é de fato, só sei que o que você transmite é tão lindo e tão forte que tem incomodado meu coração. Eu preciso saber o que é isso. Posso ir à igreja com você?" Eu imediatamente disse que sim: "Deus tem um grande presente para você que mudará sua história."

Honre seus pais sempre — é isso que gostaria de fazer o jovem entender. Olhe minha experiência e tire dela alguma sabedoria. E não se esqueça: Deus cumpre suas promessas e quer para você uma vida muito maior e melhor do que supõe.

Você também pode ser uma árvore frondosa! Colhemos hoje o que semeamos ontem, mas o mais importante é continuar semeando para colher amanhã.

Jovem, não pare, nem desista. Sua história está apenas começando.

> "Respeite o seu pai e a sua mãe; esse é o primeiro mandamento que tem uma promessa, a qual é: faça isso a fim de que tudo corra bem para você e você viva muito tempo na Terra."
>
> (Efésios 6:2, NTLH)

O meu Deus é o Deus do impossível
É o mesmo hoje e sempre há de ser
O meu Deus é o Deus do impossível
E fará o impossível pra você
E fará o impossível por você

Deus do impossível
Alda Célia

6

Música

"Abre, Senhor, os meus lábios, e a minha boca
entoará o teu louvor."

(Salmo 51:15, ARC)

Um dia, estava sentada com minha mãe e ela me contou uma experiência que me fez pensar sobre o dom que Deus me deu. Você quer conhecer essa história? É linda... Minha mãe sempre gostou de música, adorava a Jovem Guarda, admirava quem cantava bem. Um dia, quando estava mais ou menos com dois meses de gravidez e sem saber se teria um menino ou uma menina ela colocou a mão na barriga e, mesmo sem ser evangélica, conhecendo Deus de seu jeito, de sua maneira, de sua forma pediu: "Deus, eu gostaria muito que este filho, menino ou menina, viesse com uma voz muito bonita e cantasse." Do momento em que as palavras são liberadas da nossa boca, o poder delas é imenso. Precisamos saber lançar nossas palavras, direcioná-las para o bem, para abençoar pessoas. "O que você diz pode salvar ou destruir uma vida; portanto use bem suas palavras e você será recompensado" (Provérbios 18:21, NTLH). Naquele momento, mesmo sem saber, minha mãe estava me abençoando. E Deus ouve nosso coração, Deus ouve o que se pede com sinceridade. Deus ouviu as palavras daquela mulher, Deus ouviu o desejo, a vontade e o sonho de um coração de mãe. Porque aquele era seu desejo e sua vontade. Tenho certeza de que o dom que Deus me deu nasceu muito antes em seu coração. A Palavra de Deus diz que, mesmo no ventre, ele já conhece nossa história, já traça todos os dias da nossa vida. "Antes do seu nascimento, quando você ainda estava na barriga da sua mãe eu o escolhi e separei para que você fosse um profeta para as nações" (Jeremias 1:5). Deus começou a escrever minha história desde antes de eu existir.

E quando você se entrega a Deus, seu coração é dele, não tem como sua história ser diferente.

O que começou no ventre da minha mãe, meu dom de cantora, foi lapidado, esticado, treinado pelo meu pai, que me ajudou muito a conseguir o que Deus planejara. É muito lindo ver o valor de uma mãe e de um pai na nossa vida. Meu pai se afastou da música profissionalmente depois que se converteu, tentou novos caminhos, mas jamais abandonou seu violão. Em seu cotidiano a música era presente. Nasci e cresci ouvindo meu pai tocar. Quando era bem pequenininha, uns 2 aninhos, comecei a me interessar muito pela música que ele fazia. E ele pegava o violão e tocava para mim *Atirei o Pau no Gato*; *Cai, Cai, Balão*; essas músicas bem infantis. Eu cantava com ele. De repente, ele modulava no violão para ver o que acontecia, e eu acompanhava. Ele ficava surpreso e, no fundo, no fundo, dizia: "É isso aí, garota!" Rio quando penso nisso. Meu pai foi percebendo que existia alguma coisa a mais na minha vida, uma sensibilidade musical, e aí ele começou a investir mais em relação a isso, mas tudo acontecia de forma natural, como se tudo fosse uma grande brincadeira entre pai e filha.

BEM-AVENTURADO TODO AQUELE QUE TEME AO SENHOR

Meu pai já fazia parte do louvor da Comunidade da Vila da Penha. E todos me viam cantando com ele na igreja nos intervalos do culto, me achavam afinadinha e começaram a me chamar para cantar em casamentos. Eu tinha 5 anos, uma voz fininha, aguda e cantava sempre a mesma música, uma adaptação do Salmo 128. Meu pai amava essa música, que é muito alta e só uma vozinha de criança mesmo para alcançar as notas. A letra era grande e eu ficava ouvindo a gravação feita em um elepê da Comunidade S8 para aprendê-la.

> Bem-aventurado todo aquele que teme ao Senhor e anda nos seus caminhos.
> Pois comerás do trabalho das tuas mãos;
> feliz serás, e te irá bem.
> A tua mulher será como a videira frutífera, no interior da tua casa;
> os teus filhos como plantas de oliveira, ao redor da tua mesa.
> Eis que assim será abençoado o homem que teme ao Senhor!
> De Sião o Senhor te abençoará;
> verás a prosperidade de Jerusalém por todos os dias da tua vida,
> e verás os filhos de teus filhos. A paz seja sobre Israel.
>
> Salmo 128, ARC

Eu ensaiava em casa, colocava o vinil, cantava com o grupo, para aprender também a música. Depois, meu pai chegava em casa, pegava o violão, e ficávamos os dois na sala do nosso apartamento na Rua Belisário: meu pai passava comigo a música, ajustava, me corrigia, me mostrava onde eu havia semitonado. Ele sempre foi muito perfeccionista e não deixava que eu cantasse errado, mesmo sendo criancinha. Dizia com carinho: "Preste atenção nessa notinha."

E, por onde eu passava, cantava. Todos perguntavam: "Quem é aquela garotinha? Que gracinha... Ah, aquela é a filha do Ronaldo."

Talvez a graciosidade de uma menininha com vestido branco, todo armadinho, uma verdadeira daminha, tenha feito com que os convites não cessassem. Em todos os casamentos estava eu lá, parecendo uma bonequinha cantando, com meu pai tocando violão. Será que alguma vez eu fiz birra, não quis ir? Não me lembro, mas acredito que não. Eu gostava muito de cantar, e acho que amava estar ali ao lado de meu pai. De vez em quando me dava um friozinho na barriga, disso eu me lembro. Mas meu pai sempre falava para mim: "Não se preocupe com as pessoas, cante para Deus." "O que vocês fizerem, façam de todo o coração, como se estivessem servindo o Senhor e não às pessoas" (Colossenses 3:23, NTLH). E aí eu fechava os olhinhos e mandava ver. Não era perfeito, porém as pessoas achavam muito lindinho. Hoje encontro casais em cujo casamento cantei.

Durante alguns anos, além de cantar em casamentos, vivia grudada ao meu pai nos ensaios do grupo de louvor da nossa igreja. Ficava fascinada com algumas cantoras, como a Ludmila Ferber — na época ela liderava o grupo de música e eu a chamava de Mila —, que tinha uma voz linda. Quando ela subia para dirigir um louvor, eu ficava quietinha, observando-a, admirando-a. Gostava de passar perto dela, porque sabia que ela ia falar comigo, e eu ficava buscando uma oportunidade para poder estar juntinho dela. No dia em que o grupo da igreja foi gravar em um estúdio, pedi para entrar na sala de gravação, onde Mila ia colocar a voz. Prometi que não ia fazer barulho algum, e eles deixaram que eu ficasse vendo-a cantar com enorme deslumbramento. Era um mundo que me fascinava.

NADA É MAIS IMPORTANTE DO QUE CONHECER O ESPÍRITO SANTO DE DEUS

Fui muito influenciada também por Amy Grant. Ela foi uma das referências da minha infância, sempre gostei muito do seu trabalho. Tinha cabelos compridos, cheios de cachos. Ela começou jovem, tinha a maior carinha de menina, parecia uma boneca. Ela tocava um violão lindo, e eu ficava vidrada na telinha assistindo aos seus vídeos. Eu me lembro de um dia em um evento nos Estados Unidos — eu já tinha muitos CDs gravados — em que tive a oportunidade de ver Amy Grant e fiquei igual pinto no lixo. Risos, risos, risos. Estava mesmo feliz da vida. Voltei para a mesa e contei para meu pai que tinha visto Amy. "Eu vou lá, preciso falar com ela." Passei por trás do palquinho baixo, fiquei no cantinho olhando para ela, aí puxei o vestido dela, ela olhou para mim e acenou. Nesse momento, eu, plact, tirei uma foto. Depois que ela desceu, pedi para tirar uma foto com ela. Tenho essa foto até hoje.

É claro que foi ótimo conhecer Amy Grant, mas ela certamente não sabe nada a respeito do meu futuro. Então, gostaria de refletir com você uma questão. Você pode muito desejar conhecer pessoas, como eu um dia quis conhecer Amy, pode querer falar com a modelo mais linda para saber qual é o segredo para tanta beleza, pode querer saber como Bill Gates fez para chegar aonde chegou. Não existe nada de mal nisso. Não existe nada, porém, mais rico, mais precioso que possamos desejar para o próprio coração do que conhecer o Espírito Santo de Deus. Ele sabe tudo a seu respeito. É importante conhecer o Espírito Santo de Deus, porque não existe ninguém na face da Terra que o conheça melhor do aquele que o criou e o formou. Ele sabe, ele conhece nosso coração, ele vê nossa essência. Quanto mais você o conhece, mais vai encontrar a verdadeira felicidade. Ele sabe o que é melhor para você.

Aquele que deseja, que está disposto a conhecer o Senhor, descobrirá grandes tesouros. E se parecerá mais com ele, certamente! Ficará cada vez mais belo, mais forte no espírito. Isso certamente deixará homens e mulheres mais bonitos, sem rugas. Você alguma vez ouviu dizer que, quanto mais você sorri menos rugas tem, porque exercita os músculos do seu rosto? Ah, descobrimos a fórmula para ficar sempre bonito e jovem! Deus quer fazer você sorrir e isso certamente evitará rugas. Isso é só uma brincadeira, gente! "O coração alegre aformoseia o rosto..." (Provérbios 15:13, ARC). Isso é o que a Palavra diz e é uma grande verdade. Quanto mais o tempo passa, mais linda a pessoa fica, porque conhece mais a Deus. Se eu conheço mais seus atributos, sua verdade, seus sonhos, vou ficar cada vez mais linda, ao contrário do que o mundo pensa. A Palavra de Deus é perfeita e, quanto mais nos aproximamos dela, mais o Espírito Santo de Deus trabalha em nós, nos faz sorrir, alegra nosso coração e nos torna mais belos. Deus é perfeito e quer colocar em nós toda sua beleza e essência. Tenha certeza, sua beleza interior se refletirá no seu rosto. Isso é muito lindo.

DEUS AGE NA SIMPLICIDADE

Voltando à minha história, aos 12 anos, depois do batismo, me juntei ao louvor e dois anos depois gravei uma música em um elepê da igreja. Era um trabalho coletivo e cantei *A Tua Palavra* (Marcelo Mattos). Um ano e pouco depois, quando estava com 16 anos, gravei *Consagração*. Essa música estourou e ficou nove meses em primeiro lugar nas rádios evangélicas. Foi um lançamento muito bonito, havia uma foto minha toda de branco ajoelhada no palco. Marlene Mattos, que dirigia o programa da Xuxa, viu essa foto estampada nas primeiras páginas dos jornais, escutou a música e me convidou para participar do programa.

Eu estava na casa do Pastor Ari com minha família e, não sei como, descobriram que estávamos lá. O telefone tocou e era alguém dizendo que era da produção da Xuxa para fazer um convite para mim. Fala sério, gente, eu achei que alguém estava me passando um trote. A ficha custou a cair, mas finalmente caiu. E ali mesmo demos pulos de alegria e agradecemos a Deus a oportunidade que estávamos tendo, como igreja, de cantar o amor de Deus para o Brasil na Rede Globo. Foi demais! Nesse momento, portas que eu não conhecia começaram a se abrir para mim, surgiram os primeiros convites para viajar. Eu ia com meu pai e era maravilhoso, apenas voz e violão, geralmente em igrejas.

Deus se fazia presente de uma forma linda. Era tudo simples, mas na simplicidade ele agia. Eu não pensava em carreira, tinha cabeça de menina, era só apaixonada por música, gostava de cantar, e de cantar para Deus. Não fazia planos, não pensava que gravaria muitos discos, simplesmente amava Deus e o que fazia, estava com meu pai, estava na igreja, cercada de pessoas que gostavam de mim, uma grande família.

Minha mãe sempre foi uma grande coluna, uma mulher que orava sem parar. Quando viajava com a gente, enquanto eu cantava, lá estava ela em prontidão como uma verdadeira guerreira, uma ajudadora todo o tempo, uma grande auxiliadora. Aliás, seu nome significa isso. Com suas orações constantes nos ajudava a combater o bom combate. Eu me sentia mais forte por vê-la intercedendo e orando para que tudo saísse bem.

Eu, de verdade, não planejei nada, as coisas foram acontecendo como Deus havia sonhado para mim. Depois desse *boom* com a música *Consagração*, tive a chance de gravar meu primeiro trabalho solo, em uma gravadora independente, com a aprovação da igreja, dos meus pastores na época, que eram Pastor Ari e Pastora Denise: o CD *Sem Limites*.

MÚSICA: UM TOQUE DE DEUS

Meu pai ficou radiante com a oportunidade de eu gravar meu primeiro CD. Acho que foi um momento marcante não só para mim, como para ele, que via a filha realizar alguns dos seus sonhos. Eu não tinha experiência alguma de produção de CD, meu pai conhecia um pouco por ter trabalhado com diversos artistas, gravado algumas vezes, mas mesmo assim não era suficiente. Ele tinha na cabeça que precisávamos fazer um trabalho de excelência. "Vamos fazer com quem sabe, com excelentes profissionais, com pessoas que realizem um produto de qualidade."

Meu pai se lembrou de dois grandes amigos, Ricardo Feghali e Cleberson Hortsh, do grupo Roupa Nova. Eles me conheciam desde garotinha e pegaram o trabalho com bastante carinho. Não posso dizer que palpitei demais, mas nada que entrou no CD foi contra minha vontade. Eu queria muito, por exemplo, que estivessem no CD as músicas que eu já cantava nas igrejas, como *Deus do Impossível* (Alda Célia) e *Família*, que havia composto com meu pai aos 12 anos. Por cantá-las nas igrejas, eu sabia exatamente o que essas músicas causavam nas pessoas.

Cada música tem seu segredo, sua essência, e algumas têm o toque do dedo de Deus de uma forma bem especial. *Deus do Impossível* é uma delas, com certeza, e tenho muito orgulho de tê-la gravado no meu primeiro CD. Ela marcou minha vida, assim como a de muita gente. E digo mais: *Deus do Impossível* ainda é muito especial para mim. Canto-a até hoje, porque ela fala do impossível que Deus pode realizar em nossa vida. Acredite que a história de sua vida pode ser mudada. Ela pode ser transformada, para que tenha o final que Deus planejou, que é um final de sucesso, de alegria, de vitória. Foi essa história que Deus escreveu sobre sua vida e sobre minha vida também. É preciso ter fé para romper. Você entra com fé e o resto é Deus quem faz. Não há limites para quem anda com Deus e olha para o alto. "Elevo os meus olhos para os montes; de onde me vem o socorro; o meu socorro vem do Senhor, que fez os céus e a terra" (Salmo 121:1,2, ARC). É lógico que vamos passar por situações na vida que serão difíceis, mas, muitas vezes, necessárias. Os momentos de dificuldade não perduram, não são eternos. "O choro pode durar uma noite, mas a alegria vem pela manhã" (Salmo 30:5, ARC). Com a ajuda de Deus se consegue ir adiante. "Porque para Deus nada é impossível" (Lucas 1:37, ARC).

NÃO SE ESQUEÇA: SOMOS FILHOS DE DEUS, SOMOS FILHOS DO REI, PRÍNCIPES E PRINCESAS

Fazemos parte de um reino eterno, então tudo se torna diferente. Nossa música é diferente, nossa linguagem é a do Céu, o que comunicamos não é natural, mas é altamente espiritual. Uma canção cantada com a linguagem do Céu é lançada com muita força, uma verdadeira potência. E é de grande importância, porque depois que cantamos a Palavra lançamos a mensagem e frutos são colhidos de forma sobrenatural. Já perdi a conta de quantas pessoas se entregaram para Jesus, quantas foram libertas, quantas foram restauradas, quantas famílias alcançadas! Esse é o propósito da Palavra de Deus mesmo. Ela por si transforma, liberta, lava sua vida, seu coração, renova sua mente. A Palavra de Deus cria ao nosso redor uma abundância em todos os sentidos. Isso nos leva a crer que somos em Deus pessoas mais capacitadas para fazer aquilo que fomos chamados e não fracassar na nossa missão. Deus fala que nós não somos pequenos, nós somos grandes, gigantes, vencedores. Não se esqueça: somos filhos de Deus, somos filhos do Rei, príncipes e princesas. E isso pode ser passado adiante pela música.

NÃO SE SABE ATÉ ONDE A MÚSICA VAI, ELA NÃO TEM LIMITE MESMO

A música associada à Palavra viva de Deus é experiência com Deus, é experiência de vida. Momentos inesquecíveis passamos na presença de Deus quando ouvimos algo que toca o nosso coração. Música é a trilha sonora dos capítulos da nossa vida.

Quando *Sem Limites* foi lançado, eu estava com quase 18 anos e minha carreira subiu mais um degrau, alcancei um novo patamar. Comecei a ganhar algum dinheirinho, a viajar mais, ainda com uma estrutura bem pequena. Nas primeiras viagens que fiz pelo Brasil, depois que saiu meu primeiro CD, eram ainda somente voz e violão. Eu não tinha uma banda, algumas músicas cantava em *playback* e outras fazia voz e violão com meu pai, como sempre fizemos desde minha infância.

Uma coisa que lembro bem dessa época é que, depois de *Sem limites*, pela primeira vez pude ter um quartinho só meu, como sempre sonhara. Meu pai teve condições de comprar um imóvel, até então morávamos de aluguel, e nos mudamos do sobradinho na Belisário para a Vila da Penha. O apartamento era um pouco maior e pude finalmente ter meu quarto, sem precisar dividir com Rafa, como sempre fizéramos. Meu pai me levou para escolher os móveis e eu nem acreditava. Escolhi tudo do jeitinho que imaginara: tudo verde-claro e branco — não queria rosa! —, móveis laqueados lindinhos. Parecia um quarto de princesa com cortinas que esvoaçavam. Com mais privacidade, ficava mais ainda no meu quartinho orando, conversando com Deus, abrindo meu coração, fazendo perguntas. Orava de pé, andando de um lado para o outro, sempre em busca de respostas que me ajudaram a tomar importantes decisões.

> "As coisas que prometi no passado já se cumpriram e agora vou lhes anunciar coisas novas para que vocês as saibam antes mesmo de que elas aconteçam."
>
> (Isaías 48:6)

O impossível vai acontecer, eu sei
Tua palavra me garante que vencerei

CONQUISTA DO IMPOSSÍVEL
Aline Barros e Marcos Salles

Aos 15 anos, Aline revelava seu talento cantando *Oferta de amor* para os convidados de sua festa.

A família em primeiro lugar, sempre! Em 2009, com a mãe, Sandra, e o pai, Ronaldo.

O casal Aline e Gilmar juntos também nos palcos.

Abençoada: em 2009, com Gilmar e Nicolas.

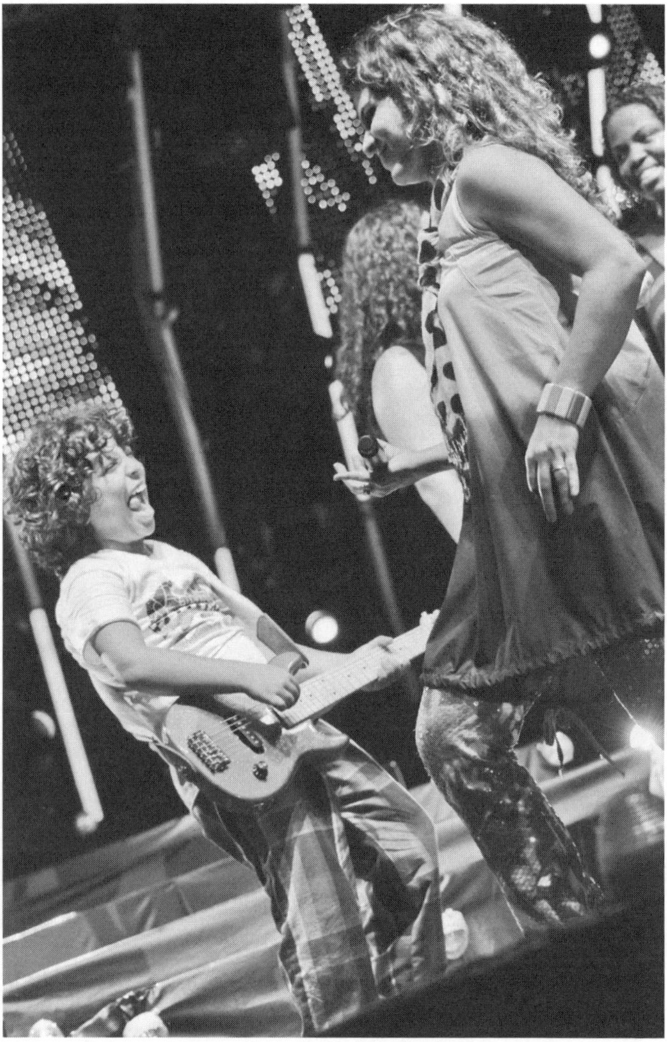

Nicolas seguirá os passos da mamãe Aline?

Emoção durante a gravação do DVD *Caminho de Milagres*, no Maracanãzinho em 2008.

Em 2009, Aline encanta as crianças com seu CD infantil *Aline e Cia 2*, na MOB Júnior.

Aline recebe o carinho da mãe, Sandra, e do irmão, Rafael no lançamento do DVD *Aline e Cia 2*.

Aline também se diverte no show no dia da criança em 2009 na MOB Júnior.

GettyImages®

Por três anos Aline foi vencedora no Grammy Latino. Nesta foto, ela recebe o prêmio em 2004 na categoria Melhor Álbum de Música Cristã – Língua Portuguesa.

GettyImages®

Durante a premiação do Grammy Latino 2006.

GettyImages®

Novamente vencedora do Grammy Latino 2007.

Nos Estados Unidos, Aline foi homenageada como "Personalidade do ano", no Dove Awards 2009.

Aline recebe um de seus muitos troféus Talento, este na categoria Melhor Intérprete.

Durante a premiação da Festa Nacional da Música 2009, em Canela (RS), Aline encontra grandes cantoras da música brasileira como Elba Ramalho e Fafá de Belém.

Aline se apresenta em Natal (RN) durante turnê em 2009.

Nicolas acompanhou a mãe até Natal na turnê de 2009.

Momento acústico no show da turnê
Norte-Nordeste em 2009.

7

EDUCAÇÃO

"Desde que Deus criou o mundo as suas qualidades invisíveis, isto é, o seu poder eterno e a sua natureza divina, têm sido vistas claramente. Os seres humanos podem ver tudo isso nas coisas que Deus tem feito e, portanto, eles não têm desculpa nenhuma."

(Romanos 1:20, NTLH)

Meus pais toda vida me orientaram para ser responsável nos estudos. Sempre sentei na primeira fila e tirei notas boas. A vez em que tirei nota vermelha, cheguei em casa chorando, fiquei arrasada, mas meu pai se sentou comigo e conversou um bom tempo, me consolando, dizendo que eu era boa aluna, que essas coisas podiam acontecer. Aquilo foi me levantando, aos poucos me recuperei do banho de água gelada que havia sido aquela terrível nota baixa.

Fiz o ensino médio no Colégio Pentágono. Foram três anos de muita ralação, aula de manhã e de tarde, testes aos sábados, uma preparação árdua para o vestibular. Minha carreira corria paralelamente aos meus estudos. Prestei vestibular para diversas faculdades e como todo jovem era difícil não ficar nervosa naquele momento. Confesso que fiquei MUITO nervosa, mas confiante! Eu me esforcei, estudei bastante, me dediquei e orei para que uma daquelas vagas fosse minha, isso se chama fé. A partir daquele momento era só confiar em Deus. Fiz a minha parte e Deus fez a dele. Passei para a Universidade Federal do Rio de Janeiro. Era a mais nova caloura ingressando em Ciências Biológicas. Entendi que aquilo tinha sido um presente de Deus para mim e para meus pais, que sempre acreditaram e investiram na minha vida. Embora eu tivesse minha vocação musical, não poderia perder aquela oportunidade de me formar. Estava radiante. Isso também estava nos planos de Deus para mim e não deveria abrir mão. Aconteceu um fato muito interessante que acabo de me lembrar. Quando estava na sala da UFRJ, fazendo a prova para a UERJ, assim que me sentei, senti forte uma voz me dizendo: "Aqui é seu lugar!"

Passei quatro anos e meio equilibrando minha missão de cantar com os estudos — demorei um semestre a mais do que o normal para me formar. Foram anos de muita batalha, mas totalmente recompensados, e não posso negar que fui ajudada pelos professores, pelos colegas, a quem agradeço por compreenderem as dificuldades que tinha de conciliar os horários.

DEUS É PERFEITO E TUDO O QUE ELE CRIA TEM A MARCA DA PERFEIÇÃO

Por que escolhi biologia? Sempre fui muito observadora, gostei de prestar atenção aos detalhes daquilo que Deus faz. Isso foi me puxando para a questão da biologia, da descoberta. No quarto período, você tem que escolher qual área vai focar e eu escolhi o mar. O fundo do mar era um enorme mistério que me fascinava. Escolhi biologia justamente porque queria entender como Deus pode ser tão criativo, tão extraordinário, e ter criado um universo tão perfeito nos seus mínimos detalhes. Quanto mais eu estudava biologia, mais certeza tinha da perfeição de Deus.

Eu me formei Bacharel em Biologia e posso lhe assegurar que sou uma cientista bem diferente. Minha vida sempre foi baseada naquilo que está na Palavra de Deus. Em todos os momentos fui uma bióloga consciente daquilo que estava estudando. Sabia que todas as coisas têm um porquê: Deus. Não criava contendas na sala de aula, mas de vez em quando lançava alguns pensamentos no ar que deixavam meus colegas sem respostas. A ciência, de fato, me serviu para entender mais ainda a grandiosidade de Deus. Foi uma valorização sobrenatural de tudo o que Deus criou. Cada dia que passa os estudiosos comprovam a veracidade de tudo em relação ao que diz a Bíblia, embora tentem dizer o contrário.

Tive na faculdade uma professora com quem muito me identifiquei. Ela se chama Yocie, um amor de pessoa, mas muito criteriosa e exigente. Eu amava estar no laboratório com ela, que trabalhava com algas da costa brasileira. Fizemos uma excursão com a professora para Ibicuí somente para colher amostras, mergulhamos, coletamos algas, separamos por classes e foi muito bom. No laboratório, eu separava as amostras, descrevia as algas e as desenhava com muito capricho. Resolvi fazer minha monografia a partir desse trabalho, citei e descrevi todas as algas da costa brasileira. A professora Yocie esteve ao meu lado me orientando em todos os momentos, fazendo com que eu crescesse naquela área. Ela sabia das minhas atividades e sempre se mostrou compreensiva, embora exigente. Foi um desafio, mas consegui vencê-lo.

O dia da apresentação da monografia foi marcante. Eu estava nervosa, claro! Meus pais estavam lá para me ouvir falar. Gaguejei um pouquinho no início, porém tudo acabou dando certo, fui aprovada, UHU, tirei uma boa nota.

Fui muito feliz por ter passado quatro anos e meio da minha vida estudando ciência, interagindo com pessoas que pensavam diferente de mim, entendendo um pouco mais da grandiosidade que são a vida e a obra de Deus. Tenho ótimas recordações da faculdade, dos professores, dos colegas e também do calzone. "Como assim?", você deve estar se perguntando. Eu comia todos os dias no mesmo lugar, que servia um calzone delicioso. Só variava o recheio, mas era calzone sempre. Às vezes penso em voltar ao Fundão só para comer de novo aquele calzone...

O dia da minha formatura foi incrível, todos animados e impecáveis. Fui convidada para cantar uma canção e não perdi a oportunidade. Cantei *Consagração* e agradeci a Deus por aquele momento.

É muito bom estudar e aprender e nunca é tarde para perseguir seu sonho. É tempo de perseguir aquilo que se quer.

Ser um estudante da Palavra de Deus é uma das coisas fundamentais na nossa vida também. Que você possa se tornar um estudante da Palavra, um estudante da Bíblia com o coração e mente puros para que a sua geração toque a próxima. Vamos deixar para trás coração, mente e fé velhos e entrar nas novidades de Deus. As coisas velhas não expressam novidade alguma. Deus tem levantado uma geração forte, e pessoas cheias do seu poder têm sido encontradas em vários lugares da sociedade.

Com uma mente supercriativa, associando seus conhecimentos naturais com a sabedoria divina, você vai muito longe. Pois toda a Escritura Sagrada é inspirada por Deus e é útil para ensinar a verdade, condenar o erro, corrigir as faltas e ensinar a maneira certa de viver (2 Timóteo 3:16, NLTH).

Deus quer que sejamos "cabeça"!

> "O Senhor te porá por cabeça e não por cauda;
> e só estarás em cima e não debaixo quando
> obedeceres aos mandamentos do Senhor, teu
> Deus, que hoje te ordena para os guardar e fazer."
>
> (Deuteronômio 28:13, ARC)

A vitória para Deus
Não tem limites
Brilha forte a luz divina
Pra você que está perdido
Toda graça vem de Deus

Sem limites
Marquinhos Gomes

8

Missão

"Para que a prova da vossa fé, muito mais preciosa do que o ouro que perece e é provado pelo fogo, se ache em louvor, e honra, e glória, na revelação de Jesus Cristo."

(1 Pedro 1:7, ARC)

Você precisa saber que não pode fracassar na sua missão!

Sem Limites foi um CD que marcou uma geração. Foi um trabalho feito com muito apuro de produção, com uma turma da pesada, profissional, de excelência mesmo. Era um CD que muitos esperavam, por causa do sucesso de *Consagração*, e até mesmo rompeu as fronteiras da igreja, alcançando o público da música secular. A partir daí, os convites se intensificaram. Sempre foi uma opção minha cantar a Palavra de Deus. Meu coração estava inclinado a fazer a vontade de Deus para minha vida. "Eu louvo a Deus porque ele não deixou de ouvir a minha oração e nunca me negou o seu amor" (Salmo 63:20). Jamais poderia perder o foco. Focalizar tem sido o segredo da minha vitória.

MÚSICA É MINHA MISSÃO

Deus me deu o livre-arbítrio, então posso escolher o que quero e, dependendo das minhas escolhas, sigo caminhos diferentes. Vejo a música na minha vida não como profissão, mas como missão. Quando se descobre o motivo pelo qual se nasce, a vida fica mais gostosa de ser vivida. Tudo fica mais claro, mais limpo, mais bonito, mais brilhante. Eu entendi prematuramente qual era minha missão, entendi por que Deus me fez nascer. Porque não nasci somente por vontade do meu pai e da minha mãe, não. Naquela corrida pela vida, milhões estavam correndo. Por que cheguei primeiro? Sou vencedora desde o ventre, porque Deus tinha um propósito, ele me fez nascer por algum motivo. Assim como você, assim como todas as pessoas que existem. Minha missão é cantar, é levar a Palavra de Deus ao coração das pessoas e transformá-las. Decidi não deixar que nada, nem ninguém, roubasse jamais meu cântico. Canto a verdade em que acredito. Canto a melodia do coração de Deus Pai, que "... amou o mundo tanto, que deu o seu único filho, para que toda aquele que nele crê não morra, mas tenha a vida eterna" (João 3:16, NTLH).

Talvez você não tenha parado para pensar a respeito desse Deus que o amou de uma forma extraordinária e também dando-lhe a vida em abundância! Isso não é extraordinário? Não lhe parece algo incomum? Vamos parar para pensar um pouco a respeito disso. O que, então, posso fazer de extraordinário para alegrar o coração desse Deus? "Que posso eu oferecer a Deus, o Senhor, por tudo de bom o que ele tem me dado?" (Salmo 116:12, NTLH). Entregar-me por inteiro e viver a vida completamente apaixonada por ele!

Canto o que vivo e o que sinto, que, quando somados à graça de Deus, se transformam na verdadeira adoração. E esse sem dúvida é o toque especial que faz a diferença. Tudo o que eu fizer demonstrará minha missão pelo Senhor Jesus e estará diretamente ligado aos valores da sua Palavra: amor, perdão, fé, honra, obediência, fidelidade, respeito, perseverança, família, pureza, santidade, coragem, paz, alegria, identidade e tantas outras coisas.

A PALAVRA DE DEUS É SEMPRE ATUAL

Para mim, música é muito mais do que uma poesia e uma melodia bonitas. Música é experiência, que me permite interagir com as pessoas bem mais do que os três ou quatro minutos que duram uma canção. A mensagem contida na música evangélica nos faz refletir por muito mais tempo. A mensagem fica. É algo que tem um poder enorme. O que uma música pode fazer no coração das pessoas não tem explicação. A mensagem é poderosa, porque é a Palavra de Deus viva. A música evangélica jamais fica ultrapassada, pois a Bíblia será sempre um livro atual, que interage com as pessoas em todos os momentos da vida. A Palavra de Deus foi fundamental no passado e continua sendo hoje. "Eu afirmo a vocês que isto é verdade: enquanto o céu e a terra durarem, nada será tirado da Lei — nem a menor letra, nem qualquer acento. E assim será até o fim de todas as coisas" (Mateus 5:18, NTLH).

Não abro mão de ler a Bíblia diariamente, priorizo isso em minha vida, preciso desse tempo para me alimentar.

A Palavra é meu alimento espiritual. Jesus falou que seu alimento não era a comida que comia, mas sim fazer a vontade de seu Pai. E qual é a vontade do Pai? Que eu conheça a Palavra, que seja fortalecida pela Palavra, que eu viva a Palavra para que seja estreitado o relacionamento entre Aline e Deus. Minha Bíblia é toda rabiscada, sublinhada, cheia de anotações, puxo setinha para um lado e para o outro, e ali vou colocando aquilo que Deus está falando comigo naquela hora. É preciso ler a Bíblia com o coração aberto, para deixar Deus falar com você e não como uma obrigação. Isso acontecendo levará você a se tornar um religioso apenas. Leia dez vezes o mesmo capítulo, e cada vez Deus vai falar com você de forma diferente, levando-o, pouco a pouco, a descobrir os segredos do coração dele. A Palavra também fala sobre isso, existem segredos do coração de Deus que ele só revela para aquele que busca. E, quando a gente busca, descobre; quando a gente clama, é respondido; quando a gente bate, ele abre. ... "Se você me chamar, eu responderei e lhe contarei coisas misteriosas e maravilhosas que você não conhece" (Jeremias 33:3).

Música para mim é experiência de vida e experiência com Deus. Por que cantaria outra coisa? Como cantaria músicas em que não pudesse falar o nome de Deus? Acredito em Deus, respiro Deus na minha vida, ele é minha fonte de inspiração, sou influenciada por ele. Se não fosse o Senhor, não sei o que seria de mim.

NÃO FAÇO DA MINHA VIDA UM SHOW

Não me considero uma profissional da música, tampouco uma celebridade cristã. Não estou buscando holofotes, nem meu nome em *outdoors*. Não busco fama, sucesso, dinheiro, não quero me distrair com essas coisas. Isso nos tira do foco. Não faço da minha vida um show. Não estou preocupada com disco de ouro, platina ou diamante. Minhas preocupações são buscar Deus e amá-lo; ser uma mulher sábia ("A mulher sábia constrói o seu lar, mas a que não tem juízo o destrói com as próprias mãos" — Provérbios 14:1, NTLH); ajudar pessoas ("Quem dá aos pobres não passará necessidade, mas quem faz de conta que os pobres não existem será muito amaldiçoado" — Provérbios 28:27, NTLH); e oferecer sacrifício de louvor e confessar o seu nome ("Por isso, por meio de Jesus Cristo, ofereçamos sempre louvor a Deus; esse louvor é o sacrifício que apresentamos, a oferta que é dada por lábios que confessam a sua fé nele" — Hebreus 13:15, NTLH).

Os lugares mais altos estão reservados para aqueles que são chamados filhos de Deus e que mantêm essa essência dentro de si. "Portanto, ponham em primeiro lugar na sua vida o reino de Deus e aquilo que Deus quer, e ele lhes dará todas essas coisas" (Mateus 6:33, NTLH).

O que um filho de Deus deve ter?

1. Uma vida que honre o Evangelho.
2. Coração puro para ter poder de oração.
3. Ouvido aberto para Deus.
4. Uma língua que não peca.
5. Prontidão para servir o Mestre.
6. Olhos abertos para ver oportunidades.
7. Sabedoria de ganhar almas.

BENDITO É O NOME DO SENHOR

Logo depois de *Sem Limites*, lançado por uma gravadora independente, meu pai decidiu abrir a AB Records, para dar suporte ao meu ministério, e tomou a frente de tudo desde então. Minha função é somente cantar. Meu segundo CD, *Voz do Coração*, foi lançado pela AB Records em 1998, dois anos depois do primeiro. Gosto que seja assim até hoje. Não vejo sentido em gravar todo ano, porque o Brasil é tão grande que preciso de tempo para percorrê-lo com meu novo trabalho. Não é tão simples fazer um CD e escolher repertório. O mais importante é encontrar músicas que traduzam aquilo que você está vivendo e de fato o que deseja comunicar. As músicas precisam tocar primeiramente o meu coração. O somatório de uma letra forte com uma linda melodia me arrebata! A junção das duas é o que chamo toque de Deus, sinônimo de perfeição. É isso que busco sempre.

Voz do Coração tem uma música que virou corinho nas igrejas: *Fico Feliz* (versão de Edson Feitosa). É uma música simples, muito gostosa de cantar, pequenininha, de letra bem fácil, com várias repetições, uma música que parece não ter nada demais. Às vezes, porém, na simplicidade também se encontra a grandiosidade. E essa música aconteceu. Ela foi gravada com um coro de crianças, bem alegre, festivo. Em qualquer parte do Brasil até hoje, em todas as igrejas, se perguntar, tenha certeza, todos sabem cantar *Fico Feliz*:

Fico feliz
Em vir em tua casa
Erguer minha voz e cantar

Fico feliz em vir em tua casa
Erguer minhas mãos e adorar
Bendito é o nome do Senhor
Bendito é o nome do Senhor
Bendito é o nome do Senhor
Pra sempre

Com *Voz do Coração* comecei a perceber que as crianças tinham uma grande identificação comigo. Talvez por eu parecer mais nova do que realmente sou, ser miudinha, ter um jeito meiguinho, meio garotinha, enfim, por algo especial que Deus me deu, atraio as crianças para perto de mim. Achei que esse era um dos caminhos para minha carreira e gravei os CDs *Bom é Ser Criança I* e *II*. Cheguei a fazer um programa diurno na CNT chamado *Tarde Mix — Bom é Ser Criança*. Era um programa de auditório, as crianças ficavam por ali comigo, eu apresentava, chamava alguns desenhos, fazia receitinhas, uma coisa que gostava bastante de fazer.

OS FILHOS SÃO FLECHAS NA MÃO DO VALENTE

Amei trabalhar com a criançada, mesmo antes de o Nicolas nascer. Depois que me tornei mãe, porém, minha cabeça abriu mais ainda, de uma forma sobrenatural. Tinha carinho pelas crianças? Tinha. Mas, depois que ganhei o Nicolas, a coisa parece ter irrompido mesmo. Foi quando comecei a perceber que precisava investir pesado nessa nova geração, que está sendo bombardeada por todos os lados. Investir em uma nova geração para que ela não se perca seria então meu próximo desafio.

Eu sabia que precisaria primeiro da sabedoria divina para fazer isso. "Deixai vir a mim os pequeninos [...] porque dos tais é o reino dos céus" (Lucas 18:16, ARC).

O que as crianças estão buscando? O que seria legal ensinar para elas? Que valores eu gostaria de transmitir? Bastou pensar na minha função de mãe que as respostas vieram e serviram para embasar meu trabalho. Minha dedicação às crianças passou a ser um braço importante na minha carreira a partir de *Voz do Coração* e daquela música pequenininha, bonitinha. Fiz *Aline Barros & Cia 1* e 2, que geraram também DVDs lindos, bem para cima, com muitas cores, com uma história no meio disso tudo.

Hoje, por onde passo, é criança por todo lado. Dentro da igreja, quando terminam os eventos, vem aquele monte de criança para perto de mim, me abraçar, me beijar, é lindo ver uma criança sorrir, com aquela pureza, aquela verdade. Gosto muito de poder me comunicar com elas e, de certa forma, contribuir para que amanhã sejam melhores do que eu. Eu me encanto com a possibilidade de passar essa essência que está dentro de mim não só para meu filho, como também para tantas outras crianças, o que faz com que me sinta uma mãezona de todas elas. Acho importante lhes transmitir a responsabilidade, porque no futuro estarão nas posições mais diversas: médico, advogado, pastor, cantor, presidente do Brasil. E é fundamental que tenham princípios de lealdade, obediência, temor a Deus, fidelidade, respeito, honra, família. Nas minhas músicas, falo dos princípios que estão na Bíblia, fundamentais para a formação de caráter de qualquer ser humano. "Como flechas na mão do valente, assim são os filhos da mocidade" (Salmo 127:4, ARC).

O MUNDO PRECISA DE BOAS REFERÊNCIAS

O homem pode até reconhecer Deus quando olha para o sol, para as estrelas, para a criação, para tudo o que existe no universo. Deus, porém, só é conhecido quando ele se revela. Para você conhecer Deus precisa de canais nesse tempo para revelá-lo. Por isso é que Paulo diz: "Sede meus imitadores como sou de Cristo." Deus sempre usará pessoas nesse tempo, nessa geração, que vão revelá-lo ao mundo, revelar Deus por meio de sua vida, suas atitudes, por meio daquilo que ele fará em você. Quando você revela Deus, as pessoas passam a desejar esse Deus e desejar aquilo que você tem. Se você entende isso, você sabe o que é ser uma referência. E o mundo hoje precisa de referências, ou melhor, de boas referências.

Boas referências são importantes hoje. Acho que essa é uma afirmação que, com certeza, você vai concordar comigo. Principalmente no que diz respeito aos nossos filhos. Eu quero que as crianças me sigam? Talvez seja melhor assim, querendo ou não sou uma referência. É bom? É muito bom que elas olhem para mim. Entretanto, quero deixar bem claro para elas que eu também sigo alguém. Alguém que tem tudo de bom para elas, quer o melhor para sua vida, preparou uma história linda para cada uma delas e vai levá-las a experiências que não viveram ainda. Quero mesmo, com meu trabalho, mostrar Jesus para todas as crianças e fazê-las entender que reino é esse que Jesus fala e a que elas também têm direito.

Isso vale também para os adolescentes e adultos. Eu também tenho referências, pessoas que posso olhar e em quem me espelhar: meu esposo, meus pais, meus pastores, que estão incessantemente trabalhando, me aconselhando e me orientando.

São pessoas que não param nunca. É isso que quero para vocês: encontrem boas referências neste tempo e que tenham como principal em suas vidas a referência das referências que é Jesus.

Eu me sinto muito honrada em saber que sou referência para tanta gente, especialmente para Nicolas. Se meu filho não fosse influenciado diretamente pela minha vida, algo estaria muito errado! Precisaria rever nossos valores e o que temos feito. Lembre-se: você é uma referência para a vida do seu filho.

"Sigam o meu exemplo como eu sigo o de Cristo."
(1 Coríntios 11:1, NTLH)

Te adorar, Senhor, é o meu prazer
Te entronizar, Senhor, te bendizer
Minha paixão está em ti, meu coração está em ti
Te adorar, Senhor, é o meu prazer

TE ADORAR É O MEU PRAZER
Daniel Nascimento

9

Vaidade

"Vaidade de vaidades, diz o pregador, vaidade de vaidades! Tudo é vaidade."

(Eclesiastes 1:2, ARC)

Há muito tempo existiu um maestro que entendia tudo de música, que alimentou em seu coração orgulho e vaidade. Ele quis ser mais do que Deus. Seu nome era Lúcifer, que significa anjo de luz. "Subirei acima das nuvens mais altas e serei como Deus altíssimo" (Isaías 14:14, NTLH). Deus, porém, não divide sua glória com ninguém. Quando Lúcifer pensou que era, já não era absolutamente mais nada. O orgulho havia tomado conta do seu coração. Como anda o seu coração? Ele está saudável? Todos os dias tenho me perguntado, e por várias vezes tenho usado a tecnologia do Alto para rastrear meu coração. Talvez seja interessante você usar a tecnologia do Alto para rastrear seus problemas e acabar com eles agora mesmo. Pedir a Deus que guarde nosso coração é o que ele espera que a gente faça, porque o orgulho, a vaidade, a soberba e a altivez destroem o ser humano. "O ladrão [inimigo de nossa alma] só vem para matar, roubar e destruir" (João 10:10, NTLH). Fazer você pensar que é o Todo-Poderoso tem sido a sua estratégia ao longo de todos esses anos. Fazer você pensar que é o cara, que tudo veio de sua força, seu intelecto e sua capacidade. Fazer você acreditar que é merecedor de toda glória é o que ele mais quer. Mas isso não é verdade. Tudo o que temos, tudo o que somos vem dele e é para ele. Fomos criados para dar glória e não receber glória. Ore e peça a Deus que purifique seu coração todos os dias e o guarde para que nenhuma semente de orgulho crie raízes dentro de você.

Quando as pessoas acendem os holofotes na nossa direção, pode até parecer uma grande coisa, pois muitos buscam a fama, a glória e o poder. Deus, porém, nos coloca em uma posição de destaque por algum motivo. Você já parou e pensou sobre isso? Apontar o caminho e mostrar Jesus ao mundo é o motivo pelo qual os holofotes acendem em sua direção e nos colocam em uma posição de destaque. Vou contar para você uma história.

Quando Jesus nasceu na manjedoura, havia aquela estrela linda, brilhante no céu que chamou a atenção e guiou os três reis magos. Na nossa vida é exatamente assim, a mesma coisa: quando a luz se acender, deixe que as pessoas o vejam como aquela estrela que brilha para conduzi-las até a estrela maior, que é Jesus, a presença de Jesus. Nascemos para isso e se nós estamos brilhando, é para levar as pessoas à presença de um rei, de alguém muito poderoso, que merece toda a glória, que é o máximo: Jesus.

QUAL É SEU ALVO?

Se seu alvo é se deslumbrar, você vai ofuscar a glória de Deus. Mas se seu alvo for honrar Deus, você está no caminho certo. Se Deus é honrado por meio de sua vida, certamente você também será, porque o que ele deseja e quer é exaltar seu povo.

Será que Deus pode contar comigo e confiar em mim? Essa é uma pergunta que me faço todos os dias. A missão que ele me confiou é muito grande, talvez seja por isso que sou provada todos os dias. Meu coração está sendo provado constantemente quando pessoas me param em um shopping, tiram fotos, pedem autógrafo. São as situações do dia a dia que revelam quem nós somos e em que o nosso coração está apegado. Quando somos orgulhosos, vaidosos, perdemos a unção de Deus. E se a perdemos, perdemos tudo, pois de bons cantores o mundo está cheio. Mas Deus não procura bons cantores apenas. Ele procura aqueles com quem pode contar e confiar. Saber receber a glória e devolvê-la para Deus é o que o Senhor espera de nós. Isso no mundo espiritual será tão poderoso que o próprio Deus o aplaudirá e, certamente, grandes recompensas você vai ter. "Porque aos que me honram honrarei..." (1 Samuel 2:30, ARC).

Nunca vou esquecer o que meu pai me falava quando eu tinha cinco anos: "Olhe para o alto, olhe para Deus, olhe para o Senhor, porque aquilo que você tem foi ele quem lhe deu." Eu me emociono sempre ao lembrar as suas palavras. E peço a Deus todos os dias que não me deixe guardar qualquer sentimento que corrompa meu coração, porque não há nada mais lindo em uma história de vida do que permanecer com pureza. Existe uma linha muito fina que pode ser cruzada a qualquer momento. E eu agradeço muito a Deus pela minha família, que soube semear coisas boas na minha vida.

Hoje sou uma mulher mais madura, esposa, mãe, pastora, com uma família estruturada, com um esposo que é uma proteção para minha vida. Tenho ainda minha igreja, meus pastores, que me orientam dentro daquilo que a Palavra diz. Comecei muito jovem e podia ter resvalado pelo caminho da vaidade, do orgulho, a soberba, não fosse a sólida base familiar. A linha fina está presente na nossa vida o tempo todo. Por isso mesmo, precisamos sempre estar atentos para não nos deixar levar. Muitos começam bem, mas ao longo da estrada da vida se perdem e, quando percebem, já romperam os limites dessa linha tão fina. As piores coisas se fazem por vaidade, orgulho, soberba, sentimentos que corrompem o coração.

DEUS, TOMA CONTA DA MINHA VIDA

Inúmeras pessoas têm carinho, amor, respeito por mim e faço questão de dar-lhes toda a atenção na medida do possível. Procuro, sempre que posso, responder e-mails, mesmo que seja uma frase, um muito obrigada, um conselho quando me pedem, uma oração. Já orei por pessoas no hall do hotel, no elevador, no meio do shopping e até no banheiro. Você pode achar engraçada essa situação, mas trazer uma palavra de conforto, de esperança, de alegria, de restauração é tudo que as pessoas esperam de você. E Deus também. Isso é amar, aconselhar, orientar, dirigir alguém para algo que esteja buscando. Essa troca é muito importante, é uma maneira de respeitar, amar, abraçar, valorizar essas pessoas. Dessa maneira estou honrando-as. De alguma forma, faço parte da vida delas. No final dos eventos dou atenção para as pessoas. Posso estar exausta, cansada, com o cabelo desarrumado, mas amo estar junto delas, me misturar com o povo, ouvir os milhares de testemunhos, e acho que isso significa bastante. Muitas vezes, minha música foi companheira delas em um momento importante de alegria ou de tristeza. Diversas pessoas me contam histórias, experiências: algumas se converteram; outras receberam uma cura de Deus pela fé que foi estimulada no seu coração pela minha música. Isso me deixa mais forte para fazer aquilo que faço e seguir adiante sem vaidade e orgulho com os olhos sempre em Deus — é ele que toma conta da minha vida.

É óbvio que existe um limite e isso é necessário. De vez em quando até mesmo essa barreira é rompida. Um dia, participei de um evento em uma cidade, fui para o hotel dormir e às duas horas da manhã o telefone tocou. Era uma jovem do outro lado da linha, chorando, desesperada, não sabia o que fazer da vida, em depressão mesmo. Uma pessoa completamente desnorteada, mãe solteira de uma menininha bem novinha, que estava a ponto de tirar a própria vida e a da filha. Resolveu ligar e, graças a Deus, atendi o telefone, porque ela realmente estava em desespero, era uma voz gritando por socorro, que precisava ouvir alguma palavra para que pudesse encontrar um sentido para viver. Engoli em seco, de tão nervosa que estava com aquela responsabilidade. "Jesus, me dê uma luz, uma palavra sábia para este momento", foi o que pensei naquela fração de segundo.

DEUS JAMAIS SE ESQUECE DE NÓS

Comecei a fazer-lhe perguntas, tentando entender um pouco mais a situação, por que ela estava aflita, nervosa, desesperada, a ponto de não querer mais viver. Fui falando de seu valor, da importância dela para Deus, que ninguém é igual a outro, pois Deus faz cada um de forma única e especial e que a tinha trazido à existência porque havia um projeto de vida para ela. Disse ainda que muitas vezes achamos que somos absolutamente nada, que estamos sozinhos, que Deus está muito distante de nós, o que não é verdade. Deus jamais se esquece de nós, não importa aquilo pelo qual estamos passando. "Vamos pensar em seu amanhã, vamos pensar que Deus pode mudar essa história, vamos pensar que você tem valor, vamos pensar que sua filha precisa de você, vamos pensar que Deus tem um projeto para a vida de sua filha e você é a responsável para que isso aconteça. Deus deu-lhe uma filha para que você possa cuidar, orientar, guiar." Ela não era evangélica e perguntei se queria Jesus em sua vida, se queria realmente recomeçar. Ela respondeu que sim: "Quero Jesus como Senhor e Salvador da minha vida, quero que ele conduza meus passos e que esse sentimento de morte que existe dentro de mim, de querer não existir mais acabe de uma vez por todas."

Fizemos uma oração juntas e ela começou a respirar mais aliviada, parecia que um peso havia saído de suas costas. Foi um momento marcante da minha vida, que reforçou mais ainda minha missão. Depois de alguns anos, recebi uma carta dessa jovem, que me contava de sua transformação, seus sonhos, suas realizações. Deus fez uma mudança completa em sua história e tenho muito orgulho de ter sido o instrumento do Senhor naquele momento. Não existe aplauso, reconhecimento, capa de revista, manchete em jornal, vaidades bobas que sejam mais importantes do que a oportunidade de ser o veículo de Deus para mudar a história de vida de alguém. Precisamos estar preparados para ser instrumento de Deus em qualquer hora e lugar. Então, eu lhe faço uma pergunta: O que você tem? Nós só podemos dar aquilo que temos. O mundo espera de nós aquilo que eles não sabem fazer: amar quando há falta de amor; perdoar mesmo que a gente não tenha razão. Prepare-se para ser usado por Deus de uma forma muito especial. Você tem o tesouro mais precioso, a Palavra de Deus, a vida de Deus dentro de você. Lance a Palavra, abra sua boca e deixe Deus usá-lo.

É assim: a palavra de Deus, quando lançada, jamais volta vazia, sempre faz frutificar. "Assim também é a minha Palavra; ela não volta para mim sem nada; mas faz o que me agrada fazer e realiza tudo o que eu prometo" (Isaías 55:11).

DINHEIRO FAZ PARTE DA VIDA, MAS NÃO É TUDO

Existe outra linha fina, com a qual se deve ter muito cuidado: o deslumbramento com o dinheiro. A Bíblia fala que "...o trabalhador é digno do seu salário" (1 Timóteo 5:18, ARA). Em momento algum é dito que dinheiro é pecado. A grande questão, no entanto, é saber colocar o dinheiro no lugar dele. Dinheiro não é o problema... o problema é o amor ao dinheiro. Muitas pessoas fazem dele seu deus e a ganância de querer sempre mais, na maioria das vezes, as leva a deixar para trás princípios, valores, e até a própria família é esquecida. Dinheiro faz parte da vida, mas não é tudo: dinheiro não compra saúde, felicidade, salvação, paz de espírito, fé. Quem faz do dinheiro seu deus atravessa a linha tênue da cobiça e da avareza.

Deus tem me sustentado, tem me dado o que necessito para viver e garantir o sustento da minha família. Não tem me faltado nada. Deus tem me honrado pelos trabalhos que faço. E, quando Deus honra, você é recompensado. Mas sei exatamente o lugar do dinheiro, jamais deixarei que ele tome o lugar de Deus ou da minha família — depois de Deus, o bem mais precioso e importante é a família. "Não ajuntem riquezas aqui na

Terra, onde as traças e a ferrugem destroem e onde os ladrões arrombam e roubam; pelo contrário, ajuntem riquezas no Céu, onde as traças e a ferrugem não podem destruí-las e os ladrões não podem arrombar e roubá-las, porque onde estiverem as suas riquezas aí estará o coração de vocês" (Mateus 6:19-21, NTLH).

Não adianta ser bem-sucedido, ter muito dinheiro, se dentro de sua casa tudo estiver desalinhado, a família estiver quebrada. Hoje em dia, pessoas estão deixando de valorizar a família, e é preciso restabelecer um equilíbrio, buscar o peso certo do que é importante na vida; só assim é possível alcançar o sucesso em todas as áreas.

Pela obediência à sua palavra, o Senhor me protege todos os dias para que as linhas finas e tênues jamais sejam cruzadas na minha vida.

Se você for obediente à sua Palavra, ele protegerá você também, que tem Jesus no coração.

"Porque quem se engrandece será humilhado; mas quem se humilha será engrandecido."

(Lucas 14:11, NTLH)

Cobre-me, com teu amor, me envolve
Toma-me, perto quero estar
E por esperar novas forças eu terei
E me levantarei, como águia voarei
Pelo poder desse amor

O PODER DO TEU AMOR
versão Aline Barros

10

CAMINHO

"No caminho da sabedoria te ensinei, e por veredas de retidão te fiz andar."

(Provérbios 4:11, ARA)

Se o caminho que Jesus ensinou foi a obediência, o meu caminho não poderia ser outro. Com os olhos para Deus fui construindo passo a passo meu caminho. Não pensei em dinheiro, não pensei em sucesso. Só pensei na minha missão de levar a Palavra, no meu primeiro chamado: a obediência. No começo da minha trajetória, meu pai planejou bem mais do que eu. Eu era apenas uma menina que amava, ouvia e obedecia a Deus, pois queria estar no centro de sua vontade. Aliás, meu pai sempre falou a respeito disso comigo: estar no centro da vontade de Deus era o melhor lugar para se estar. Ser obediente significa se mover para cima e quem desobedece certamente se moverá para baixo. Meu pai abriu mão de várias coisas da sua vida para cuidar da minha carreira de uma maneira linda, especial, com muito amor e proteção. Ele sabia que meu caminho, mais do que uma profissão, era um chamado. Foi sempre extremamente cauteloso, pé no chão e firme naquilo que traçou como meta. Orientou-me, abriu minha cabeça para muitas coisas, me aconselhou, me fez cercar de pessoas importantes e me ajudou a entender tudo o que acontecia à minha volta, à medida que o sucesso aumentava vertiginosamente. Eu aprendi que as coisas dão certo na nossa vida quando estamos mergulhados nos princípios que a Palavra de Deus nos ensina e caminhamos de braços dados com eles.

NOSSO PRIMEIRO CHAMADO É OBEDIÊNCIA A DEUS

A obediência é um princípio fundamental na nossa vida, porque, quando obedecemos, este princípio ativa nossos dons e talentos para que a gente possa estabelecer o Reino de Deus aqui nesta Terra. Deus requer de nós obediência na nossa vida pessoal, no âmbito familiar, no contexto vocacional, no ministério. Precisamos obedecer no íntimo do nosso coração, até mesmo nos nossos pensamentos. A medida que você tem de obediência será a mesma que você manifestará o reino de Deus. Eu já disse e volto a repetir que nosso primeiro chamado é obediência a Deus, e não ser apenas um cantor, atleta, empresário. Se entendermos isso, haverá uma manifestação poderosa do Céu aqui na Terra e automaticamente daremos a glória e a honra ao Senhor que lhe são devidas. Dentro da nossa casa devemos ser exemplo. Não adianta por um minuto que a multidão o aplauda, se dentro de sua casa você não vive o que fala. De uma coisa você pode ter certeza: existe um poder muito grande através da obediência. O poder que você recebe por obedecer e se submeter é algo impressionante. Se você quiser um caminho duro, uma vida cheia de amargura seja desobediente. Mas se quer um caminho cheio de bênçãos para você, obedeça.

Quando construímos nosso caminho dessa forma, Deus derrama sua bênção sobre nós e nos libera para fazer aquilo que não conseguiríamos fazer sozinhos. Seu caminho será extraordinário se você viver em obediência à Palavra que tem recebido e ativado dentro de você. O fundamento do trono de Jesus está em obedecer ao Pai e Deus procura hoje pais espirituais que falem aquilo que deve ser falado e filhos que ouvem e obedecem. Isso toca o coração de Deus. Certamente Deus fundamentará seu trono aqui na Terra, se assim você o fizer. "Aqueles que obedecem, comerão o melhor dessa terra" (Isaías 1:19).

AME, ORE, ABENÇOE SEUS LÍDERES E DEUS O ABENÇOARÁ

Caminhar com nossos pais espirituais, submissos a eles, é algo muito poderoso. Vale a pena servir, honrar, amar a igreja. Se você acha que isso é bobagem, para mim não é. Eu vou pensar como Deus quer que eu pense e viva, seus princípios estarão vivos na minha vida. Ame, ore, abençoe seus pastores e Deus te abençoará. Todos os dias agradeço a Deus pela vida dos meus pastores, sempre oro por eles, por sua casa, para que Deus continue fazendo da casa deles o instrumento poderoso, o canal pelo qual Deus fala comigo e sou muito abençoada. Minha casa é abençoada. Muitas vezes suas mãos ungidas já tocaram a minha cabeça, suas palavras fizeram romper algo em minha vida, em meu caminho. Caminhar debaixo de uma visão, não existe coisa melhor! Eles falam o que precisamos e não o que queremos ouvir. Quando olho meus pastores tenho vontade de ser como eles, cheia de fé e ousadia. Se você for fiel à Palavra e viver os princípios de Deus certamente o poder de Deus virá sobre você, que romperá em seu caminhar. Sua vida estará de pé e uma revolução acontecerá nela. "Crede no Senhor vosso Deus, e estareis seguros; crede nos seus profetas, e prosperareis" (2 Crônicas 20:20, ARC).

Olhar para seus líderes significa estar submisso e não olhando para seus dons, habilidades e talentos. Significa estar olhando para alguém que é maior do que você, que ama se submeter a Deus. Em seu caminhar esteja com os olhos bem abertos para ver a autoridade que Deus estabeleceu e se submeter a ela. No caminho de sua vida deixe que Deus diga isso a seu respeito: esse é meu filho amado e nele tenho prazer. No seu caminho você conseguirá ir muito mais longe se não estiver sozinho, precisamos de cobertura espiritual, de líderes, da igreja. Eu me sinto mais forte, protegida, amada por saber que tenho um pai espiritual e em todas as oportunidades que tiver não vou poupar esforços para honrá-los com minha vida e meus pensamentos. Construa seu caminho assim, na obediência, e coisas extraordinárias estarão prestes a acontecer em sua vida.

EU CAMINHO NA OBEDIÊNCIA E COISAS EXTRAORDINÁRIAS ACONTECEM

Na minha caminhada, *O Poder do Teu Amor* é meu terceiro CD e mais uma vez a excelência que meu pai planejara para meu trabalho se fez presente. Uma das faixas foi produzida por um grande amigo norte-americano, Tom Brooks. Tive a oportunidade de gravar com Abraham Laboriel, um contrabaixista inigualável, que grava com cantores importantes, mesmo na música secular, coloquei voz em Los Angeles... enfim, muitas coisas novas. Não sei você, mas eu adoro novidades e estou sempre buscando coisas a mais e criatividade em Deus. Minha vida está conectada a um Deus poderoso e criativo. Peço ideias novas a Deus todos os dias e estou constantemente desafiada por coisas maiores. Hoje estou fazendo coisas que nunca pensei ou imaginei. Muitas vezes eu não entendo nada, apenas creio. E porque tenho crido e obedecido a sua voz, Deus vai abrindo o meu caminho.

A música *O Poder do Teu Amor* estourou, não só no Brasil, como em todo mercado hispânico, depois de gravá-la em espanhol. Assim que me casei, em 2000, fui morar na Espanha. Gilmar estava jogando lá e eu tinha que acompanhar meu marido. Muita gente não entendeu que eu me afastasse do Brasil em um momento tão especial da minha carreira. Fiquei nove meses lá, aprendi a língua e logo apareceu o convite para gravar em uma gravadora norte-americana em espanhol. O disco foi lançado, *El Poder de Tu Amor*, explodiu, as pessoas passaram a me conhecer, a reconhecer meu trabalho, e o sucesso que fazia no Brasil se expandiu, tornando-se mundial, através do mercado latino. Em todas as igrejas latino-americanas se canta *El Poder de Tu Amor*... Olhe como Deus sempre prepara coisas boas para nossa vida! Quando ele planeja, nada pode nos desviar disso, a não ser nós mesmos, com nossos pensamentos pequenos, nossas birras e conformismo. Até mesmo a religiosidade pode nos impedir de experimentar e viver tudo o que Deus projetou para nossa vida. No entanto, sua comunhão com Deus e a vida de Jesus em você faz com que caminhe em uma nova estrada de unção.

O QUE É IMPOSSÍVEL DEUS FAZ, MAS AQUILO QUE É POSSÍVEL DEVO ME LEVANTAR E FAZER

Minha vida foi sempre assim: muitos desafios, abrindo caminhos, empurrando portas. Muitas vezes ficamos esperando que Deus faça tudo o que desejamos. Precisamos, porém, fazer nossa parte. Ele nos dá todas as condições, mas devemos resolver a situação, buscar soluções, procurar alternativas. Quando Moisés estava diante do mar, com um exército enorme do Faraó atrás dele querendo massacrar o povo de Israel, e orava pedindo uma solução para Deus, o povo só reclamava. Deus deu uma lambada em Moisés e mandou que ele tocasse o mar. "E tu, levanta a tua vara, e estende a tua mão sobre o mar, e fende-o, para que os filhos de Israel passem pelo meio do mar em seco" (Êxodo 14:16, ARC). Ele assim fez e o mar se abriu. Muitas vezes estamos com o cajado nas mãos e ficamos esperando ser carregados por Deus. O que é impossível Deus faz, mas aquilo que é possível devo me levantar e fazer. Quem podia imaginar que eu conquistaria um mercado que desconhecia? As promessas de Deus alimentavam a fé do meu coração de que coisas ainda maiores aconteceriam. Tudo estava apenas começando. Com meu cajado, toquei o mar e ele se abriu, permitindo que minha trajetória fosse completamente diferente do que pensava, mas não do que Deus planejara para mim.

Tenho um carinho especial por *Fruto de Amor*, meu CD seguinte. Foi meu trabalho mais difícil. Eu o gravei quando estava vivendo o grande problema da minha vida: a perda da voz. Deus me surpreendeu e operou um milagre na minha vida para que eu gravasse esse CD. Em *Fruto de Amor*, vi Deus honrar minha fé, vi Deus colocar uma vírgula na minha vida enquanto as circunstâncias colocavam um ponto final. Minha fé foi provada, minha vida esticada, Deus apenas me preparava para grandes coisas que estavam por vir. Em *Fruto de Amor*, participei mais ativamente, já estava casada, meu esposo era meu suporte em todos os momentos, Nicolas tinha nascido e para ele fiz uma música muito especial, que marcou bastante o CD. Tem até o chorinho dele no final da canção. Cantei essa música no dia em que apresentei meu filho a Deus na minha igreja.

Fruto de Amor, em que mostro meu coração derretido de tanto amor, consolidou minha carreira internacional. Com ele, ganhei o Grammy Latino de Música Cristã, em 2004. Ser indicada para o Grammy já tinha sido uma grande surpresa; ganhar o prêmio, felicidade total. Fui toda lindona para Los Angeles receber o Grammy e aconteceu algo completamente inusitado. Eu não sabia nada da cerimônia, nem por onde devia entrar, demorei a passar pelo tapete vermelho, tive que dar muitas entrevistas, me faziam perguntas em espanhol, eu respondia, depois parava para fotos, uma loucura! Entrei no auditório, aguardei, mas estava demorando tanto para anunciarem a categoria que resolvemos perguntar e — SURPRESA! — a vencedora era eu. Eu já tinha ganhado e não sabia. Vibrei, gritei, fiquei feliz, mas também triste por não ter subido no palco, não ter falado, agradecido a Deus diante de todos os presentes. Meu pai se emocionou muito pelo grande presente que ganhara bem no dia do seu aniversário. Deus tem sempre um lugar de honra para aqueles que são filhos!

Som de Adoradores, que lancei logo depois do Grammy, é um CD que retrata um tempo novo na minha vida, na minha história, na minha carreira. Estava mais amadurecida, minha voz ganhara corpo e eu estava mais ligada ainda à minha igreja depois de tudo pelo que passara. Foi o primeiro trabalho que fiz ao vivo, com todas as pessoas da minha igreja cantando junto. Quando estava escolhendo o repertório, escutava as músicas e já me ouvia cantando. No meu quarto, com os fonezinhos no ouvido, eu levantava os braços e me derretia adorando, sentia a forte presença de Deus, meus olhos se enchiam de lágrimas. *Som de Adoradores* é um CD bem do coração. Foi um trabalho lindo, com uma música que marcou uma geração: *Sonda-me, Usa-me*.

"A tua Palavra é lâmpada para guiar os meus passos; é luz que ilumina o meu caminho."

(Salmo 119:105, NTLH)

Usa-me, Senhor
Usa-me
Como um farol que brilha à noite
Como ponte sobre as águas
Como abrigo no deserto
Como flecha que acerta o alvo
Eu quero ser usado da maneira que te agrade
Em qualquer hora e em qualquer lugar
Eis aqui a minha vida Usa-me, Senhor

SONDA-ME, USA-ME

Aline Barros, Edson Feitosa e Ana Feitosa

11

Oração

"Há um só Senhor, uma só fé e um só batismo. E há somente um Deus e Pai de Todos, que é o Senhor de todos, que age por meio de todos e está em todos."

(Efésios 4:5,6, NTLH)

Deus me deu esta música: *Sonda-me, Usa-me*. Em um encontro de jovens na minha igreja, pela primeira vez o Pastor Marco pediu que eu compartilhasse alguma coisa que estava em meu coração, um testemunho, uma palavra. Você pode estar pensando que deve ter sido supertranquilo para mim. Confesso que fiquei feliz com aquela oportunidade, porém minhas pernas tremeram de tanta responsabilidade, mas isso me fez crescer. Deus estava me preparando para coisas futuras. Talvez você já tenha passado por experiências como essa, ou talvez esteja passando agora, ou quem sabe ainda vai passar. Esteja certo de uma coisa: se você está sendo desafiado por Deus a fazer alguma coisa que jamais fez antes, não tema. Dependa de Deus sempre e abra a sua boca porque o restante ele fará.

O que devia dizer para os jovens? Preparei tudo em cima daquilo que estava vivendo, meu coração ardia e eu precisava então falar. Sonda-me, quebranta-me, transforma-me, enche-me, usa-me. Tinha acabado de sair da crise que mudara minha vida e estava vivendo um novo tempo com Deus e pude falar com muita autoridade sobre a importância desses pontos por vezes esquecidos. E daí nasceu a música *Sonda-me, Usa-me* que comecei e foi terminada pelos pastores Edson e Ana. Para mim, essa música é uma oração.

POR QUE PRECISO DIZER PARA DEUS "SONDA-ME"?

Se Deus é onipresente, onisciente e conhece nosso coração até mesmo quando a palavra não chegou ainda em nossa boca, por que pedir para ele nos sondar? Porque talvez o Senhor deseje ouvir de você que tem total liberdade para trazer a luz e lhe mostrar coisas que talvez você não veja e nem perceba e só o Espírito Santo poderá lhe mostrar. Fique certo: não é porque Deus não sabe nada a nosso respeito que devemos pedir-lhe para sondar nosso coração e sim porque não sabemos e precisamos permitir que Deus nos mostre. Em nossas orações, muitas vezes só pedimos a Deus: "Quero isso, quero aquilo, abre essa porta para mim, preciso de um sobrenatural na minha vida." Às vezes, a gente fala, fala, pede, pede e na hora em que Deus vai falar conosco, não damos oportunidade ou mesmo não queremos ouvir sua voz. Esquecemo-nos de pedir a Deus que faça o mais importante, que é sondar nosso coração. Se você permite que ele o sonde, que ele entre nos quartos escuros do seu coração, que ele varra aquela sujeirinha que ficou debaixo do tapete, que ele descubra algum caminho mau, alguma raizinha de orgulho, de vaidade, de seja lá o que for, ele vai arrancar aquilo de lá. Se você dá liberdade a Deus de sondar seu coração, nenhuma semente de erva daninha brotará. Sonda-me, Deus! Mostra-me, Deus! "Sonda-me, ó Deus, e conhece o meu coração; prova-me, e conhece os meus pensamentos" (Salmo 139:23, ARC).

O QUE É SER QUEBRANTADO?

Arrepender-se e pedir a Deus que reconstrua nossa vida é algo de extrema importância. A maior alegria de Deus é encontrar um homem que tenha um coração quebrantado. Davi, um dos maiores reis de todos os tempos, como conta a Bíblia, tinha um espírito quebrantado. "Os sacrifícios para Deus são o espírito quebrantado; a um coração quebrantado e contrito não desprezarás, ó Deus" (Salmo 51:17, ARC). Davi errou várias vezes, mas reconhecia, se arrependia de coração sincero e pedia a Deus: "Trabalha na minha vida." "Cria em mim, ó Deus, um coração puro e renova em mim um espírito reto" (Salmo 51:10, ARC). Muitas vezes precisamos dizer para Deus que trabalhe na nossa vida, por mais difícil que seja: "Muda aquilo que precisa ser mudado dentro de mim. Sei que não sou perfeito, mas desejo ser trabalhado, chegar à perfeição. Desejo parecer com Jesus." Jesus é exemplo de perfeição e é isso que todos devemos desejar. Deus quer ver em nós atitude.

COMO TRANSFORMAR-SE?

Se você permite que Deus trabalhe em seu coração, acontece a transformação. A transformação trará mudanças e certamente causará desconforto no início. A Bíblia fala que somos o vaso de barro e Deus é o oleiro. "Vocês estão nas minhas mãos assim como o barro está nas mãos do oleiro" (Jeremias 18:6, NTLH). Nas mãos de Deus, aquele vaso que tinha alguma imperfeição se transforma em um vaso bonito, do jeito que ele idealizou. Deus transforma sua vida, sua história, seu modo de pensar. Se você pensa que é pequeno, incapaz, começa a ver que você pode ir mais além. Sua mente precisa ser transformada e você precisa se ver da mesma forma que Deus o vê. Peça a Deus que transforme o medo em espírito de ousadia e coragem. Comece a se ver como um leão. "Não vivam como vivem as pessoas deste mundo, mas deixem que Deus os transforme por meio de uma completa mudança da mente de vocês. Assim vocês conhecerão a vontade de Deus, isto é, aquilo que é bom, perfeito e agradável a ele" (Romanos 12:2, NTLH).

O QUE VOCÊ PRECISA PARA FAZER TUDO O QUE DEUS PROJETOU QUE VOCÊ FOSSE?

Ser cheio de qualidades? Ah, já sei... cheio de sonhos. Talvez apenas isso não baste. Você precisa ser cheio de algo que vai ativar suas qualidades e trazer vida a seus sonhos. Você precisa ser cheio do poder de Deus. Se não tiver o poder de Deus em sua vida, talvez não chegue à metade daquilo que Deus projetou e planejou. "Enche-me do poder de Deus", é disso que todos nós precisamos. "Quando o Espírito Santo descer sobre vocês,

vocês receberão poder e serão minhas testemunhas..." (Atos 1:8, NTLH). Ser cheio do poder de Deus significa sacudir uma geração. A Bíblia fala de homens cheios do poder de Deus que impactaram a sua geração. Um homem e uma mulher cheios do poder de Deus certamente serão mais criativos, fortes e cheios de fé e autoridade. Quem é cheio do poder de Deus, com certeza, está preparado para fazer coisas extraordinárias.

E QUAL É O ÚLTIMO PONTO?

Usa-me? Sim, e esse é muito especial. É quando você realmente se dispõe para Deus e isso permite que você faça coisas que vão impactar sua geração, que vão deixar marcas, um legado, uma história escrita. Se você disser para Deus "usa-me, Senhor", se prepare. Imagino que meus netos um dia se lembrarão de mim como uma mulher de muita fé, fibra, criatividade, que sonhava e não tinha medo de realizar, ia adiante e cuja história fez diferença: seu dom serviu para abençoar pessoas, uma geração, seu país e o mundo inteiro. Vão pensar em uma mulher que tinha o coração quebrantado e permitiu que Deus sondasse seu coração, transformasse sua história, enchesse a sua vida de poder e usasse sua força para a expansão do Reino de Deus. Uma mulher que sempre disse: "Deus, pode contar comigo!"

BUSCAR SEMPRE A ESSÊNCIA DE UM DEUS VIVO

Espero ainda ser lembrada como uma mulher que sempre soube que orar, se encontrar com Deus, escutar o que ele quer dizer, ler a Bíblia, louvar, nada disso é obrigação. Você precisa entender isso. Nossa vida como cristão não é servidão, não é ter que cumprir apenas regras: é servir por prazer, por amor, porque é assim que se cresce, se aprende e se é abençoado. A busca de um verdadeiro cristão não pode ter fim, porque, se isso acontecer, ele para, estaciona, se torna um religioso. E não é o que queremos, na realidade não estamos buscando religião. Jesus nos ensinou que devemos buscar a verdade, a vida, a essência de um Deus vivo dentro de nós. E isso só se encontra tendo sede, vontade, desejo de descobrir o segredo do coração de Deus, os tesouros escondidos que ele tem para serem revelados para nós neste tempo.

Isso nos torna crentes vivos, cristãos vivos, não aquela pessoa parada, sem expressar a vida de Jesus. Você precisa ser mais ativo e não alguém que se contenta em ir apenas uma vez por semana à igreja. Honro minha igreja e não abro mão de estar lá. Mas não é só isso o que Deus quer de nós. Deus quer relacionamento, comunhão, 24 horas por dia. Deus quer liberdade de conversar com você, quer que você abra seu coração para ele, quer usar sua força. Você precisa se envolver mais com Deus, com a igreja. Trabalhar para Deus é muito bom, viver para Deus em seu dia a dia é maravilhoso. Essa troca é necessária para você não se tornar limitado. Deus não é um Deus de limitações. Deus se renova cada manhã. Deus quer estar com você todos os dias e não somente aos domingos na igreja. "Tchau, Deus, semana que vem te vejo de novo" — não, não e não. Jesus fala sobre isso na Palavra, sobre aqueles que se tornam religiosos, falam que amam Deus, mas não vivem esse amor. O amor a Deus precisa ser vivido em todos os momentos da vida. Você precisa ser diferente. Não permita que a praga da religiosidade tome conta de você. Seja vivo e ativo em Deus.

Não quero nunca ser uma religiosa, não sou e nem quero nunca ser. Quero ser uma pessoa que conversa com Deus e vive para ele — todos os dias, todas as horas, todos os minutos e todos os segundos. Uma Aline que busca a cada dia conhecer mais o Senhor. Uma Aline que busca conhecer a cada dia esse amor extraordinário de Deus para vivê-lo aqui na Terra.

NINGUÉM VAI AO PAI A NÃO SER POR MEIO DE JESUS

É preciso fazer cotidianamente o que Deus espera que você faça: perdoar quando precisa perdoar, amar quando precisa amar, valorizar aquilo que precisa ser valorizado — sua Palavra. Interessante é que você precisa estar preparado, pois há momentos em sua vida que você pedirá amor e Deus colocará pessoas problemáticas a seu lado para você aprender a amar. Se você tiver Jesus como sua referência, isso se torna bem mais fácil. O amor de Deus é incomparável, incondicional; mesmo que não sejamos merecedores, ele nos ama. Ele nos amou primeiro e a sua Palavra diz que ninguém vai ao Pai a não ser por meio de Jesus. Nossa salvação, nossa vida eterna não pode ser comprada. Nós recebemos essa salvação porque Deus mandou um dia seu filho Jesus a este mundo, e ele morreu por nós. Jesus já pagou o preço para que pudéssemos ter vida em abundância e reatar esse relacionamento com Deus. Deus mandou o filho dele perfeito morrer para reconstruir a ponte até Deus, para que o Homem imperfeito pudesse ter livre acesso ao Pai. Jesus é o caminho, a verdade e a vida.

Essa comunhão, essa ligação com Deus é que precisamos. Entenda que não são as obras que vão comprar seu relacionamento com Deus, sua salvação, seu passe para o Céu. O que vai permitir tudo isso é Jesus Cristo em sua vida.

O preço já foi pago, você é que foi comprado, você não pode comprar absolutamente nada.

Quando você reconhece Jesus como seu Senhor e Salvador, você tem acesso a tudo aquilo que ele planejou para você, a todas as suas promessas.

Se você deseja recebê-lo em seu coração agora, faça essa oração comigo:

"Senhor Jesus, eu entrego minha vida a ti agora mesmo. Seja a partir de hoje o Senhor e Salvador da minha vida. Perdoa meus pecados, escreve meu nome no livro da vida, quebra toda maldição, tudo o que um dia lançaram contra minha vida. A partir de hoje, eu declaro que sou totalmente livre para viver tudo aquilo que tens para mim. Em nome de Jesus, amém."

"Porque ele nem mesmo deixou de entregar o próprio filho, mas o ofereceu por todos nós! Se ele nos deu seu filho, será que não nos dará também todas as coisas?"
(Romanos 8:32, NTLH)

Em ti eu quero me perder em adoração
Vem consumir meu coração com as chamas do teu olhar
Te amo demais
Tudo que eu quero é poder te adorar
Ficar a sós contigo e em teus braços me encontrar

CONTAR MEUS SEGREDOS
Aline Barros e Anderson Freire

12

Sucesso

"Eu o abençoarei e seu nome será famoso."

(Gênesis 12:2, NTLH)

Sucesso é atitude. A atitude de dedicação em tudo o que você faz fará com que você seja bem-sucedido em qualquer área de sua vida. Invista tempo naquilo que você acredita. Faça com excelência. Dedique-se. "Vocês sabem que numa corrida, embora todos os corredores tomem parte, somente um ganha o prêmio. Portanto, corram de tal maneira que ganhem o prêmio" (1 Coríntios 9:24, NTLH).

Com *Som de Adoradores* também fui indicada para o Grammy, mas não ganhei. As palavras continuavam engasgadas na minha garganta. Em 2006, ganhei, com *Aline Barros e Cia 1*, o CD infantil. Aí fiz tudo o que não havia feito no primeiro ano: subi no palco, gritei, pulei, falei e agradeci muito a Deus a oportunidade de estar ali. E mais uma vez voltei ao palco pelo meu CD *Caminho de Milagres*, que ganhou o Grammy em 2007. A vida com Deus é assim, cheia de surpresas maravilhosas. Sou apaixonada por ele. Vivo tão apaixonada por Deus que expressar isso em forma de canção, alegria, gratidão não é nada complicado. Elogiar Deus, reconhecer seus atributos só renova o meu amor por ele.

É bom lembrar também que nessa caminhada de tantos anos de carreira, ministério, nem tudo foram flores. Precisei pagar um preço e já vivi experiências que contando ninguém acredita. Acho que se eu pudesse, escreveria um livro só de aventuras ao longo desse tempo. Certamente vocês iriam dar boas risadas. Eu me lembro agora de algumas experiências que me marcaram e nunca mais esqueci. Uma vez fui convidada para cantar em um ginásio lindo, grande, em uma cidade do interior de Minas. Eu estava empolgadíssima para participar. Só que não tinha palco. Como assim? É verdade, o palco era simplesmente um tapete peludo no meio do chão do ginásio. Outra experiência que me marcou muito foi o dia em que cantei em um lugar muito simples, mas prepararam tudo com muito esmero, tinha palco, tudo certinho. Mas cadê a iluminação? Ficamos pensando onde eles conseguiriam luz para iluminar o palco. A interrogação ficou na minha cabeça, na cabeça do meu pai e acho que na cabeça de todo mundo. De repente, na porta do ginásio, apareceu um carro. Ele acendeu os faróis e, ahhhhhh!!!!, a iluminação já estava toda preparada. Foi bem engraçado cantar iluminada pelos faróis daquele carro. Não acabou não! São muitas histórias. Há alguns anos, fui convidada para cantar em uma cidade, em um lugar gigantesco, para cinco mil pessoas. Quando entrei, havia apenas eu, o técnico de som e duas pessoas na plateia. Foi algo assim inimaginável! Uma cena muito, muito, mas muito mesmo, engraçada. Vocês acreditam que uma vez o microfone voou da minha mão?

Pois é, aconteceu. Não me perguntem como, porque também não sei explicar. Só fiquei procurando aonde ele tinha ido parar. A capinha do microfone ficou na minha mão e ele foi parar lá longe. Canto sempre movimentando meus braços e deu nisso. Todas essas experiências não me fizeram dedicar menos para Deus do que poderia. Não faz diferença cantar em um estádio lotado ou para um grupo reduzido de pessoas, a minha atitude de dedicar a Deus o meu melhor sempre foi a mesma. Meu coração sempre foi assim, estava ali, certo daquilo que havia sido chamado para fazer, sem se importar com o momento, a hora, a situação, o tempo, nada. A minha atitude sempre foi de dedicação e de fazer com excelência.

NÃO EXISTE FONTE DE INSPIRAÇÃO MAIS LINDA DO QUE DEUS

Sempre orava muito a Deus para que me desse canções, e a partir de *Som de Adoradores* comecei não só a orar, mas também a investir tempo e dedicação, e as músicas começaram a fluir mais facilmente. A minha porção compositora veio com força total, com certeza por eu estar mais atenta às coisas realmente importantes e, também, mais sensível. Para compor realmente é preciso ter um coração sensível direcionado para aquilo que Deus quer falar. Quando você consegue colocar para fora a essência de seu coração, há um toque diferente na música, um peso maior, pois é retrato exato de seu momento, de sua convivência com Deus.

Todos os domingos estou em minha igreja; esse compromisso com a casa de Deus é inegociável. É ali que me alimento e vivo experiências lindas e únicas. A música *Caminho de Milagres* surgiu por causa da pregação do meu pastor. Na realidade, muitas músicas que canto nasceram por conta da Palavra que é liberada na nossa igreja. Quando ouço Pastor Marco, todas as vezes há uma palavra que mexe com meu coração. Ele é um homem de muita fé e quando prega, gera muita fé no nosso coração. Esse é o dom que Deus lhe deu. Costumo levar para a igreja meu caderno, uma caneta e a Bíblia e vou anotando tudo o que ele fala. Há momentos em que a Palavra vem com tanta força, que começo a escrever imediatamente algo que está sendo ministrado ao meu coração. A reflexão faz com que a Palavra frutifique, seja vivenciada, e por muitas vezes nascem canções.

Não tenho método para compor. A melodia ou a letra podem vir a qualquer momento. Já fiz música de madrugada, sentada ao piano, chorando. Já senti a forte presença de Deus e catei umas notinhas no piano para expressar o que meu coração estava sentindo. Estudei piano alguns anos, mas não tinha o instrumento em casa e não consegui me aperfeiçoar da maneira que gostaria. Toco também um pouquinho de violão, só um pouquinho mesmo. Quando alguma melodia surge na minha cabeça, cato milho no piano, mas acaba dando certo. Faço o básico, e depois alguém aperfeiçoa. Procuro passar, porém, mesmo na simplicidade, o que meu coração está gritando naquele momento. Quantas vezes estou de madrugada, sozinha, orando, tirando o momento para conversar com Deus, e surge uma música na minha cabeça. Outras vezes, na correria mesmo, descendo de um avião, uma melodia surge. O coro de *Deus que Move os Céus* aconteceu assim, que bom que eu estava com um gravadorzinho na bolsa e pude registrar. Deus não escolhe hora para conversar com nosso coração! Eu já havia composto com meu pai, como contei, aos 12, anos e também uma música muito legal com meu irmão Rafael, *Cara de Rato*, que entrou no CD infantil, e ampliei mais ainda minhas opções de parceria depois de *Caminho de Milagres*. É muito legal ter parcerias, porque existe uma interação, um acrescenta muitas coisas ao outro e se pode extrair o melhor.

Deus é minha inspiração. Não existe fonte de inspiração mais linda do que ele, que é criatividade pura e total. Deus é muito criativo e tem muito a nos oferecer. Por isso nossa busca por Deus deve ser permanente. As músicas nascem com esse espírito, com esse coração, de querer descobrir algo mais.

Muitas vezes, cantando no meu show, em cima do palco, acontece de nascer uma música espontaneamente. Há um momento especial, em que se ouve um acorde, uma harmonia, uma sintonia, aquele mover gostoso de Deus ali. Nesse momento, e isso já aconteceu, uma música é gerada. É o caso de *Deus Extraordinário*, que começou no palco e vai entrar no meu próximo trabalho. Então tudo acontece, não tem uma regra, não existe uma fórmula para você compor, a inspiração pode vir a qualquer hora, a qualquer momento, porque Deus está com a gente sempre.

Já lhe falaram que existe um potencial enorme dentro de você? Quando as boas ideias surgirem, se dedique e invista tempo nelas, pague um preço por isso. A vida está abarrotada de propagandas para capturar sua atenção e tentar distraí-lo para que você se desvie de seu objetivo. A atitude de dedicar-se é extremamente importante, mas não depende apenas de nós viver uma vida vitoriosa, de sucesso, mas em quem estamos ligados. Se alguma vez você fracassou, aprenda a olhar para o fracasso como uma oportunidade para começar de novo e não ficar paralisado. Deus tem uma vida de sucesso para você. "Os meus ensinamentos lhe darão uma vida longa e cheia de sucesso" (Provérbios 3:2, NTLH).

A essência de *Som de Adoradores* é falar coisas lindas para Deus, é a expressão de um coração que o adora e está apaixonado por ele. *Caminho de Milagres* se reflete no texto que escrevi, o que faço habitualmente em todos os meus CDs, mandar uma mensagem. Neste, disse assim:

> Hoje você pode começar a trilhar um novo caminho... Apenas decida amar, ouvir e obedecer àquele que deu a própria vida por amor a cada um de nós: Jesus Cristo, o filho de Deus vivo. E você poderá entrar em uma nova estação; um novo tempo de Deus em sua vida; o começo de um caminho que ele mesmo abriu e preparou quando disse: "Está consumado." Prepare-se, você nunca mais será o mesmo.
>
> É um caminho sem volta para aqueles que buscam marchar em direção às promessas de Deus; um caminho de experiências sobrenaturais com o Senhor dia após dia, onde sonhos frustrados começam a ganhar vida; um caminho que te levará a um novo nível de relacionamento com o Pai. Esta trajetória é para aqueles que não têm medo dos desafios e, pela fé, enxergam um Caminho de Milagres em uma estrada, muitas vezes, cercada de obstáculos intransponíveis aos olhos naturais.
>
> Percorrer esse caminho exige uma visão para o sobrenatural; perseverança para não desistir das promessas de Deus; e ter a compreensão de que as dificuldades do percurso são oportunidades, uma porta que conduz a esse caminho de milagres, reservados para os mais vencedores.

E a minha oração é que, nessa jornada, a história de sua vida em Deus seja escrita por capítulos marcantes que vão impactar toda uma geração, apresentando o único caminho: JESUS.

Agora estou caminhando para um novo filho — assim considero cada um dos meus trabalhos. Nenhum filho é igual ao outro, mas todos são especiais. Todos os trabalhos que faço têm um significado muito especial na minha vida. E mais uma vez farei com amor, carinho, dedicação e, principalmente, fé.

E vai ser de arrepiar! Será extraordinário.

> "Prossigo para o alvo, pelo prêmio da soberana vocação de Deus em Cristo Jesus."
>
> (Filipenses 3:14, ARC)

Ele é o pão da vida
Filho do Deus criador
O seu reino é de justiça
No seu nome, há poder
Se fez homem, veio ao mundo
Pra curar a minha dor
Alcançou a minha vida
Entrou no meu coração
Me deu paz e alegria
Estou seguro em suas mãos

Sou feliz
Aline Barros e Ronaldo Barros

13

Adoração

"Louvem a Deus, o Senhor, todas as nações! Que todos os povos o louvem! O seu amor por nós é forte e a sua fidelidade dura para sempre. Aleluia!"

(Salmo 117, NTLH)

No momento em que escrevo este capítulo tão especial para mim, o relógio marca 4 horas da tarde e 1 minutinho. E a cada tempo tenho que ter o impacto de quem é Deus para mim. Sua Palavra diz: "Conhecereis a verdade e a verdade vos libertará" (João 8:32, ARC). Quero ser conhecedora dos atributos de Deus. E cada minuto é algo que não posso perder. Cada momento na minha vida é importante para desejar conhecer os atributos de Deus. Adorar é ver de verdade como ele é. Sempre há mais uma descoberta do que ele é, do que ele pode, de sua essência, sua verdade. Sua Palavra diz que ele é grande e, sempre que nossa experiência com ele aumenta, nossa adoração também se amplia.

Como adorar um Deus que não conhecemos bem?

Essa é uma pergunta que devemos nos fazer todos os dias. Muitas vezes nossa pequenez em matéria de adoração é por inexperiência com Deus.

Para mim, essa questão é muito importante, busco sempre entender o verdadeiro significado de uma adoração. Um coração disposto a adorar é um coração disposto a conhecer e desfrutar sua grandeza na própria vida. Desejo isso para mim. Desejo isso para você. As experiências que temos alimentam nossa adoração e isso traz um impacto muito maior a nosso coração, à nossa vida, como também às pessoas que estão ao nosso redor, que nos olham, que convivem conosco. Isso faz mover o ambiente à nossa volta.

Não sei como anda seu coração neste momento, mas tenho certeza de que é hora de parar e refletir. Será que tenho o coração realmente disposto a ser conhecedor desse Deus? Será que meu coração está disposto a ter experiências diariamente com esse Deus? As experiências e as descobertas fazem com que saiamos da rotina. A mesmice tem que estar distante de nós. Somos filhos de um Deus que soprou em nós a essência de sua criatividade. Não podemos ser rotineiros. A rotina pode trazer até certa segurança, mas é uma arma gigantesca contra nossa vida, pois gera comodismo, falta de entusiasmo e falsa independência. Se você acha que sabe tudo o que precisa fazer, que não depende de ninguém, muito menos vai depender de Deus.

Vivi algo muito interessante na minha vida. Às vezes, Deus permite que certas coisas aconteçam para nos dar um chacoalhão, para nos fazer acordar e aprender. Isso aconteceu musicalmente comigo, e não foi nada bom. Em uma convenção, participamos de duas reuniões, uma para jovens e outra, mais tarde, para um grupo seleto de adultos. Como sempre, estava sensível e atenta a Deus e à necessidade daquele povo. Naquela hora estava totalmente dependente de Deus! Como sempre fazemos antes de entrar, chamei meus músicos e nos reunimos para orar. Fizemos o primeiro culto, tudo dá certo mesmo quando dependemos dele, foi uma bênção ver aquele grupo de jovens, a unção, a glória de Deus presente, todo mundo com as mãos levantadas adorando. Os jovens estavam famintos e queriam mais e mais Deus na vida deles. "Tudo deu certo, perfeito, glória a Deus", comentamos todos ao final.

COM DEUS NÃO FUNCIONAM FÓRMULAS PRONTAS

Horas depois fomos para o outro ambiente. "Foi uma bênção lá, vai ser uma bênção aqui também. Amém, glória a Deus. Vamos fazer a mesma sequência de músicas, mandamos levantar as mãos, pedimos para abaixar, bater palmas, vai dar tudo certo, a fórmula já está pronta." Só que não aconteceu: no ambiente dos adultos não se rompia uma barreira. Pela misericórdia do Senhor, no final Deus veio de uma forma especial naquele ambiente também, mas não foi igual, e me perguntei muito o que havia acontecido. Simples: com Deus não há fórmulas prontas. Com Deus é preciso buscar todos os dias. Deus tem sempre algo novo para oferecer. É preciso perguntar para Deus e ter sensibilidade no espírito para saber o que deve ser realmente feito em cada ambiente, em cada momento, em cada minuto. Foi isso que Deus ministrou no meu coração naquela noite.

Não é a mesmice que Deus espera de nós como verdadeiros adoradores. Deus espera que busquemos nele a novidade e exaltemos seu nome.

Não adianta eu pensar que com meu dom já sei o caminho. Se não for pela graça de Deus, não se chega a lugar algum. Sei que preciso buscar todos os dias, em tudo o que quiser, a direção de Deus e ser sensível para entendê-la. "Eu cantarei a respeito do teu poder; de manhã louvarei bem alto o teu amor, pois tu tens sido uma fortaleza para mim, um refúgio nos meus dias de aflição" (Salmo 59:16, NTLH).

O QUE NOS MOVE É A ALEGRIA QUE DEUS COLOCA EM NOSSO CORAÇÃO

Tenho uma equipe bem sólida que trabalha comigo. Meus músicos têm compromissos com Deus e com a igreja. Prezo muito isso, e tanto eu como Gilmar estamos sempre cuidando dessa parte espiritual. Porque é muito fácil deixar o músico sobressair ao adorador. É simples subir em um palco querendo tocar bacana, mostrar que tem um vozeirão e ganhar aplausos. O importante, porém, é saber que em primeiro lugar está o adorador. Estamos em um palco por causa do dom, do chamado e da missão. Se Deus estivesse preocupado com bons cantores e bons músicos, cheios de técnica, não haveria problema em pegar tantos espalhados por aí. O que Deus busca é um coração disposto a obedecê-lo e honrá-lo, a essência que existe dentro da gente. Oriento a todos que estão do meu lado e meus músicos são muito gratos a isso. O envolvimento deles com sua igreja, a submissão a uma autoridade, como os pastores, a necessidade de manter uma vida reta e íntegra diante de Deus é fundamental. Para estar do meu lado não basta ser apenas um grande músico. Precisa ser mais do que isso, porque somos referência.

A adoração não é um estilo musical ou uma forma doce de você falar palavras para Deus com cara de crente espiritual. É um estilo de vida que vai declarar que Jesus Cristo é o senhor de sua vida em qualquer lugar em que estiver. Sua vida será como uma carta lida e conhecida por todos os homens. Tenho aprendido muito sobre essa questão. Meus pastores me orientam, me ensinam, me esticam e me cobram. E, se fazem isso comigo, faço com aqueles que estão ao meu redor. Se minha banda não tivesse a mesma visão que eu, não poderíamos caminhar juntos. Não há somente Aline, mas uma equipe, um time, um grupo, um ministério. Todos precisam estar afinados.

Amo cada um deles, mesmo que, às vezes, tenha que dar um puxãozinho de orelha. Compartilhamos muitos momentos, alguns de dificuldade — por exemplo, quando o som não está agradável e límpido como gostaríamos. A gente quer sempre um som de CD nos shows ao vivo! Mas peço muito que eles não deixem transparecer qualquer insatisfação, passamos por cima de tudo isso naquele momento, porque nossa missão é muito maior, nossa causa é o Reino de Deus e o único sentimento que deve nos mover é a alegria que Deus coloca no nosso coração.

DAVI É O CARA

Para falar de uma vida que adora Deus em todos os aspectos, não duvido: Davi é o cara! Sua história está na Bíblia e precisamos aprender com ele. Não há outra pessoa em que pense quando a questão é adoração. Porque Davi tinha esse coração disposto a conhecer Deus, a experimentar da grandeza de Deus, a perguntar todos os dias que oferta ele poderia oferecer a seu Senhor.

Mesmo nos momentos difíceis, Davi estava lá desejoso de trazer algo ao Senhor e sempre se perguntando o que poderia fazer para agradar a Deus, que atitudes deveria ter para honrar seu nome. Que lindo isso! É um exemplo para nós: Davi, mesmo cercado de inimigos, ordenava à sua alma que louvasse a Deus. Sem vontade, às vezes, mas com o coração disposto. É o que faz a diferença. Isso se chama sacrifício. Quando ofertamos a Deus algo que nos custa, ele recebe nosso melhor.

O QUE VOCÊ TEM OFERTADO A DEUS?

Davi não largava Deus um só minuto. A história desse grande rei me inspira. Davi foi um jovem que desejava mais do que tudo Deus em sua vida. Mesmo na simplicidade, nos momentos que alguns podem até nem considerar, Deus levava em conta o coração de Davi. Distante de tudo e de todos, no meio das ovelhas, onde ninguém podia vê-lo, Davi continuava a ser a mesma pessoa, com os mesmos desejos, a mesma vontade de estar junto de Deus. Pense sobre isto: os maiores momentos de adoração não acontecem em um palco ou uma plataforma, mas nos momentos de intimidade com Deus, quando ninguém está olhando para suas atitudes, só o Senhor. Isso reflete o coração do verdadeiro adorador.

Vou repetir: Davi não largava Deus um minuto sequer. Nos momentos bons, em que tudo estava perfeito; nos momentos ruins, cercado de inimigos; até mesmo em sua casa, quando parecia que lhe faltavam forças. Quando era pastor e tocava harpa; quando foi ungido rei. Sempre, sempre, sempre Davi esteve agarrado a Deus, apegado ao Senhor. Ele foi o maior rei de Israel e jamais deixou seu coração se corromper, continuou valorizando o Reino de Deus. De todos os reis do passado, Davi foi o que mais se inclinou nessa direção. "Invocarei o nome do Senhor, que é digno de louvor, e ficarei livre dos meus inimigos" (Salmo 18:3, ARC). Escreveu vários salmos e sempre esteve disposto a servir a Deus, a cuidar e zelar pela casa do Senhor, sem pensar apenas em si próprio, e por isso ele foi um marco, uma referência para sua geração e para todas as futuras. Davi conseguia atrair as pessoas, fazer com que elas concordassem com ele, abraçassem a causa de Deus. Davi tinha o que chamo estilo de vida de um adorador. Isso é que é adorar de verdade: ter uma vida completamente rasgada para Deus.

Davi é ou não é o cara? Tenho certeza de que você concorda.

Em qualquer momento, de dia, de noite, de madrugada, Davi orava, guerreava, reclamava, falava com Deus do seu jeito, da sua forma, disposto a ser ele mesmo. Às vezes, ficamos com a ideia de que devemos impressionar Deus com nossas palavras. Davi sabia que não era isso que Deus esperava dele, e sim um coração simples, humilde, diante da presença do Senhor, 24 horas por dia. Sua oração era genuína e Deus quer isto: que nós o exaltemos, que saibamos quem ele realmente é. Davi falava isso para Deus: "Deus, tu és minha torre forte, meu refúgio, minha fortaleza. Em ti eu confio. Não há outro além de ti." Seu louvor era tão genuíno que naquele momento Deus começava a agir.

Não sei se isso aconteceu com você. Comigo aconteceu várias vezes. Há momentos em que passamos por situações que nos tiram a alegria, a força e também a vontade de orar. Quando temos o coração disposto a louvar, conseguimos ordenar à nossa vida, à nossa alma que assim seja feito. Nesse momento tudo começa a mudar. Eu deparei com situações que iniciei sem a mínima vontade e terminei de orar não querendo parar mais, as horas passaram, mas meu desejo era ficar para sempre com Deus. Parava de orar, ia fazer minhas atividades, porém meu espírito continuava a ser alimentado por todo o dia. Essas experiências marcam nossa vida. No momento em que começamos a exaltar Deus, ele revela seus tesouros escondidos, libera palavras para nossa vida, assim como fez com a casa de Davi. Em nossa sociedade são poucos aqueles que sabem ser agradecidos e por conta disso perdem grandes recompensas.

No Salmo 100, Davi diz: “Entrai por suas portas com ações, graças e hinos de louvor” (ARA). Davi entendia o poder do louvor, o poder de ter um coração agradecido. Isso fez diferença em sua vida. Todas as pessoas que murmuravam colhiam destruição. Davi sabia que entraria pelas portas, sabia que Deus certamente o promoveria. Deus promove todos que têm atitudes corretas, sabem o poder do louvor e não murmuram. Eles certamente não colherão destruição, mas serão promovidos por Deus, entrarão em outro nível e descobrirão os tesouros escondidos de Deus do outro lado daquela porta.

UM CRISTÃO SEM VISÃO NÃO VAI MUITO LONGE

Davi tinha muita liberdade diante de Deus. Afinal, ele conhecia a verdade que o tornava uma pessoa completamente livre. Ele era um homem que dançava e saltava na presença de Deus. Era livre nos seus pensamentos, nos seus sonhos e aplicava tudo isso à sua vida. Conquistou novas terras, acabou com exércitos inimigos. Ele sonhava e por isso foi considerado um grande rei, o maior de todos. Um cristão sem visão não vai muito longe. Sou influenciada diretamente pelos sonhos de Deus para mim e pela visão dos meus pastores que estão diretamente conectados a Deus e à sua vontade de trazer o Céu para a Terra. Eles têm influenciado gerações e eu sou resultado disso. Se abraçarmos a visão dos nossos líderes e da nossa igreja, seremos diretamente afetados, pois isso produzirá em nós crescimento e velocidade para chegar aonde Deus quer. Pessoas cheias de Deus creem em grandes coisas que marcarão gerações. Pessoas desprovidas de sonhos são medíocres. Elas apenas existem, mas não vivem, porque não têm expectativa para o futuro nem uma visão clara do que realmente querem. Isso afeta seu hoje e acabam ficando paradas no tempo. Jovens, continuem sonhando e almejando coisas grandes para sua vida, permaneçam firmes naquilo que Deus prometeu, creiam e sejam capacitados para vencer, mesmo que de longe tentem minar seus sonhos e destruir tudo aquilo que Deus revelou a seu coração.

Davi ouvia Deus falar e refletia sobre a bondade desse Deus — em vários Salmos fala sobre isso. Ele tirava tempo para pensar sobre todas essas questões, sobre o que Deus depositava sobre ele, suas responsabilidades perante uma nação. Nós também precisamos fazer isso. Você já parou para pensar em tudo o que Deus tem feito em sua vida, no que Deus depositou em você, em suas responsabilidades?

Pare para refletir sobre como Deus tem sido bom, fiel, amoroso, misericordioso. Nós somos especiais para Deus. Ele derrama sua bondade, seu amor, porque somos queridos por ele. Deus acredita em nós. Davi pensava sobre isto sempre: "Sou muito abençoado, sou bem-aventurado, tenho sobre mim a bondade de Deus, e isso tem me sustentado, tanto na bonança como na tempestade." Davi sabia aproveitar seu dom, seu talento, sua força e fazia daquilo que tinha recebido de Deus algo extraordinário. Sua existência era a oportunidade de exaltar a obra de Deus. Dessa forma, ele expressava sua adoração a Deus.

VOCÊ TAMBÉM PODE EXPRESSAR SUA ADORAÇÃO, ATRAIR PESSOAS, INFLUENCIAR EM SUAS ORAÇÕES

Como Davi, você pode devolver a Deus em suas orações toda a glória e reconhecimento. Como Davi, você pode ter o coração cheio de gratidão a Deus. Como Davi, você pode estar disposto a louvar a Deus da melhor forma. Como Davi, você pode dar a Deus a honra. Como Davi, você pode ordenar sua alma a bendizê-lo. Como Davi, você deve se alegrar na presença do Senhor.

Tudo isso fez de Davi um homem extraordinário. Eu desejo de todo o coração que você seja essa pessoa extraordinária, que seja chamada, assim como Davi, homem segundo o coração de Deus. Que sobrenome lindo Davi ganhou! É momento de verdadeiramente pararmos para dizer a Deus: "Eu também quero ser chamado como homem, mulher, criança segundo teu coração." Se assim o fizermos verdadeiramente, seremos considerados adoradores. Adoradores que o Pai está buscando.

Deus encontrou Davi em seu tempo, em sua época. Deus espera nos encontrar hoje com o mesmo coração disposto.

> "Mas vem a hora e já chegou, em que os verdadeiros adoradores adorarão o Pai em espírito e em verdade; porque são estes que o Pai procura para seus adoradores."
>
> (João 4:23, ARA)

Que habite em nós o teu poder
Deus de sinais e maravilhas
Obras maiores em teu nome eu farei
Pra revelar teu filho amado, Jesus
E anunciar a salvação e o teu grande amor
Por onde eu for
Refez minha história
Apagou meu passado
Tu és o Deus extraordinário

Deus extraordinário

Aline Barros e Clovis Lardo

14

Amor

"E ainda que tivesse o dom de profecia, e conhecesse todos os mistérios e toda a ciência, e ainda que tivesse toda a fé, de maneira tal que transportasse os montes, e não tivesse amor, nada seria."

(1 Coríntios 13:2, ARC)

Desde muito jovenzinha eu tinha a clareza de que Deus havia separado uma pessoa muito especial para mim. Nos momentos em que me trancava em meu quarto e tinha meus momentos a sós com Deus — lendo a Bíblia, orando, abrindo meu coração —, eu pedia muito que ele guardasse e me colocasse no caminho da pessoa certa, aquela que tivesse um coração disposto a fazer a obra do Senhor como eu e que fosse desprendida das coisas materiais. Posso dizer que passei minha adolescência sonhando e orando por isso. Até que, quando tinha 18 anos, um sorriso me encantou.

Conheci Gilmar em uma conferência de jovens, logo depois que gravei *Consagração*. Eu não entendia nada de futebol, não conhecia Gilmar, que havia acabado de ser bicampeão mundial pelo São Paulo, mas fiquei encantada com seu sorriso desde o primeiro momento. O sorriso do Gilmar é especial, nunca é forçado, e sim sincero, gostoso, que expressa seu interior. E isso me impressionou demais. Acho até que sonhei com seu sorriso na noite em que nos conhecemos!

Gilmar foi à conferência para contar um pouco da sua experiência profissional e, principalmente, para dar seu testemunho de vida, falar do seu encontro com Jesus. Eu fui convidada para cantar, para fazer o momento de louvor. Gilmar conhecia a música *Consagração*, ouvira na secretária eletrônica de um amigo e se encantara. Não sabia, porém, quem eu era. Quando fomos apresentados, ele nem acreditou. "Você, pequenininha desse jeito, tem uma voz tão poderosa? Não é possível! Preciso ver, cante *Consagração* hoje, por favor." Eu não sabia se ia dar para atender ao pedido dele, seriam dois dias de conferência e não conhecia toda a programação. Gilmar só poderia ficar naquele dia, tinha acabado de voltar do Japão e sua mãe, Dona Ana, havia pedido que ele fosse logo para São Paulo, porque havia um grupo de amigos e parentes esperando-o em casa. Ele ia dar seu testemunho à tarde e viajar na mesma noite. No entanto, a programação atrasou e seu testemunho foi adiado para a noite. Ele não sabia como explicar para sua mãe, mas ligou para São Paulo e Dona Ana foi supercompreensiva. Meu filho, a gente está realmente com muita saudade, mas, se não deu tempo e é para abençoar esses jovens, então fique. Dê seu testemunho e venha amanhã." Minhas orações estavam sendo atendidas, mesmo sem que eu pudesse me dar conta disso. Gilmar havia sido colocado em meu caminho. "Peçam e vocês receberão; procurem e vocês acharão; batam e a porta será aberta para vocês. Porque todos aqueles que pedem, recebem; aqueles que procuram, acham; e a porta será aberta para quem bate." (Lucas 11:9,10, NTLH).

Naquela noite, no jantar, o refeitório estava lotado, só havia dois lugares, justamente na mesa do Gilmar. Pastor Jabes estava com ele e nos chamou, minha mãe e eu, para nos sentarmos juntos. Continuamos a conversar, Gilmar insistiu que eu cantasse *Consagração* e deu um jeito de encaixar na programação daquela noite. Ele não queria ir embora sem me ver cantar. No palco, me colocaram ao lado dele. Ficamos sentados juntos, ele pediu minha Bíblia, abriu no Livro de Josué, capítulo 1, versículos 8 e 9: "Fale sempre do que está escrito no livro da lei, estude esse livro dia e noite e se esforce para viver de acordo com tudo o que está escrito nele. Se fizer isso, tudo lhe correrá bem e você terá sucesso. Lembre a minha ordem: seja forte e corajoso, não fique desanimado, nem tenha medo, porque eu, o Senhor seu Deus, estarei com você em qualquer lugar para onde você for." Ele escreveu uma mensagem para mim na página, assinou e me devolveu — eu guardo essa Bíblia até hoje. E me deu mais um sorriso. E eu, ingenuamente, só pensava depois nisso, sonhando acordada: "Fica rindo para mim o tempo todo."

No final daquela noite, depois que eu havia cantado, nos despedimos e ele pediu meu telefone. "Amanhã eu te ligo para saber como foi o encerramento da convenção." Atenção, jovens! Olhem que estratégia, que classe para conseguir meu telefone. Nem acreditei. Pedi à minha mãe que desse o número para Gilmar e ela me olhou de uma forma como se dissesse "Estou entendendo tudo". Mas eu continuava inocente, muito pura, e nem percebia muito bem o que estava acontecendo. Só sabia que estava encantada com aquele sorriso. Minha mãe deu o número do celular do meu pai. No dia seguinte, no final do evento, eu estava cercada de pessoas, dando autógrafos, conversando com as crianças, tirando fotos, e o telefone tocou. Gilmar disse que queria falar comigo, mas meu pai respondeu que eu estava muito ocupada, que não ia dar para falar. Quando percebi que alguém estava querendo falar comigo, pedi ao meu pai que me passasse o telefone, que eu ia atender rapidinho. E assim tudo começou da forma mais natural do mundo.

A BÍBLIA NOS ORIENTA PARA NOS ALEGRARMOS TAMBÉM NOS TEMPOS DIFÍCEIS

Gilmar estava em São Paulo; eu, no Rio. Nossa vida era muito corrida: ele viajava com o São Paulo; eu, com minha igreja. Desde nosso primeiro encontro até realmente começarmos a namorar se passaram nove meses. Nesse período oramos muito: "Senhor, será que esse é o caminho? Será que vale a pena começar um namoro agora? Será que isso vai continuar crescendo dentro de mim?" Nós conversávamos pelo telefone, orávamos muito e, de verdade, não falávamos abertamente o que um estava sentindo pelo outro. Meu pai havia me pedido que eu tivesse esse tempo de reflexão. Eu nunca havia namorado, sou a única filha mulher e meu pai tinha a preocupação normal de pai. Acho saudável e bonita essa necessidade de orientar e conduzir os filhos para um caminho correto. Todo pai quer o melhor casamento para os filhos. E era isso que meu pai queria. Ele não conhecia Gilmar, sua família, sabia que ele era um atleta profissionalmente bem-sucedido e que já tinha uma história antiga de conversão, mas era pouco. Ele mantinha seus temores.

Foi complicado? Claro que foi. Foi um tempo bem difícil para nós dois, pois jovem quando ama quer estar junto. Fiz, porém, o que achava correto, o que estava nos princípios que aprendi. Tanto eu como Gilmar fizemos o que achamos justo fazer: esperar. E saber esperar naquele momento foi um desafio para nós. Talvez você não esteja vivendo um bom momento, talvez a estação das flores não tenha chegado para você, mas a Bíblia orienta para nos alegrarmos também nos tempos difíceis, isso produzirá paz ao seu coração, que é o que você necessita nessa hora. E certamente isso produzirá paciência, trazendo então a aprovação de Deus e a certeza no seu coração de que vale a pena esperar. Sabia que ia chegar a hora em que as coisas aconteceriam e seria melhor para todo mundo. Foi duro, mas muito importante, porque trouxe uma solidez muito grande para nosso relacionamento e, acima de qualquer coisa, trouxe a aprovação de Deus. Saber esperar, obedecer aos pais e respeitá-los foram fundamentais para a construção do alicerce da nossa família. "E também nos alegramos nos sofrimentos, porque sabemos que os sofrimentos produzem a paciência. A paciência traz a aprovação de Deus e essa aprovação cria a esperança. Essa esperança não nos deixa decepcionados, pois Deus derramou o seu amor no nosso coração por meio do Espírito Santo que ele nos deu" (Romanos 5:3-5, NTLH).

Gilmar é um filho carinhoso, que dá atenção, conversa com a mãe, procura saber da sua vida; há um diálogo aberto entre eles. Um dia, ela falou seriamente que ele não tinha que esperar nada e devia parar de sofrer. Gilmar, com sabedoria, sentou com sua mãe, conversou com ela e explicou quão importante eu era para ele. Disse que ia fazer o possível e o impossível, porque sabia que eu era a mulher da sua vida. E pediu que ela o ajudasse em oração, precisava encontrar nela a força, o apoio. Naquele momento, Dona Ana falou: “Se essa é a mulher da sua vida, que você quer para mãe dos seus filhos, então eu estou com você. A partir de hoje nós vamos orar juntos.” Desde esse momento, ela, que sempre teve um carinho por mim, passou a olhar nossa relação de uma forma diferente.

Depois de um tempo, meu pai entendeu um pouco melhor essa questão de a primeira filha estar iniciando um relacionamento com alguém. Finalmente, começamos a namorar após nove meses, e logo depois Gilmar foi jogar no Cruzeiro, em Minas Gerais, e de lá foi para a Espanha. Parece até brincadeira, mas é verdade! Eu acho que nessa hora meu pai deve ter pensado: “Agora que ele foi para a Espanha, esse namoro esfria e acaba de vez.” Vou ser sincera: eu também pensei que, com a ida do Gilmar para a Europa, nosso namoro não iria em frente, pois achava muito complicado estar tão longe, só se ver nas férias, conciliar as agendas. Mas não foi o que aconteceu.

Nossa história é tão linda, há tantas flores nesse jardim que, apesar da distância, nosso amor só cresceu. Nossa relação se solidificou cada vez mais. Não havia redes sociais, comunicação por computadores na época. Eu mandava cartinhas para ele, bem perfumadas, passava batom e dava um beijo no papel. E ele me respondia também com cartas apaixonadas — Gilmar sempre foi muito romântico. Tempos bons aqueles, mas até hoje alimentamos esse romantismo no nosso relacionamento: um gesto, um olhar, o cuidado, a proteção.

Passávamos horas ao telefone, trocando experiências. Ele me contava seus problemas por estar em um país estranho, onde não conhecia ninguém, a dificuldade com a língua, o frio — era dezembro e estava frio de rachar. Ele sentia muita falta também de uma igreja — a realidade evangélica do nosso país e a da Europa são completamente diferentes. Não tinha facilidades, mas mesmo assim encontrava meios de poder buscar Deus. Seus pastores enviavam fitas para ele ouvir a Palavra. Compartilhei esses momentos com Gilmar e isso só enriqueceu nosso relacionamento, fortaleceu nosso amor e aumentou ainda mais a certeza de que ele era o homem escolhido por Deus para ser meu companheiro da vida inteira.

Quando Gilmar vinha para o Brasil, vivíamos momentos muito lindos, embora fosse tudo muito rápido, porque ele dividia o tempo que estava aqui entre estar comigo e com sua família. Em julho as férias eram maiores e ele ficava 15 dias. Em dezembro, somente uma semana. Era muito pouco, especialmente porque tinha que conciliar com minha agenda — se eu bobeasse, era todo dia um lugar para cantar. Além dos nove meses de espera, o período de namoro, de noivado, até se concretizar o casamento, foi de muita luta para Gilmar, porque ele precisava provar para meu pai que era uma pessoa que acreditava no que sentia por mim e por Deus. Minha mãe sempre foi mais flexível, porém se mantinha neutra. Ela sabia tudo o que eu sentia, mas também compartilhava a preocupação do meu pai.

Confesso: Gilmar teve que batalhar para roubar um beijo meu. Sempre fui muito reservada, tinha hora para voltar para casa, meu pai marcava e Gilmar obedecia, não dava o menor motivo para reclamações. Dessa vez o zagueiro era meu pai. Íamos ao cinema às 5 da tarde, com criança jogando pipoca na nossa cabeça. Além disso, meu irmão saía conosco até eu ficar noiva. Gilmar brincava com Rafael: "Vai comprar um sorvete, vai." Mas meu irmão, muito bem instruído pelo meu pai, não ia mesmo. "Não quero sorvete, quero ficar aqui."

VOCÊ DEVE ESTAR RINDO, NÃO É?

Hoje também damos boas risadas, mas na época não era tão engraçado assim! Acho, porém, que foi muito bom também, porque relacionamento não é feito só de abraço e beijo, é conversar, saber o que o outro pensa. Quais são seus sonhos? O que você imagina para sua vida? O que você pensa para você daqui a dez anos? O que tem aquecido seu coração hoje? Todas essas perguntas me foram respondidas no nosso período de namoro. Ao mesmo tempo era um namoro com os olhos, em que um toque de mãos já fazia o coração acelerar mais rapidamente. Foi inesquecível o dia em que ele, dirigindo, me paquerava com seus olhares pelo espelho retrovisor do carro. Nossos olhares apaixonados quase fizeram Gilmar subir o meio-fio. Nesse momento, minha mãe, que estava no banco da frente, tomou um susto e disse: "O que é isso, menino?" Demos boas risadas! Vivi essa experiência, esse momento em minha vida e não troco isso por nada.

AQUELE QUE AMA TAMBÉM SABE DIZER NÃO

Depois de quatro anos de namoro, ficamos noivos. E só depois disso fui à Espanha, acompanhada pela minha mãe e pela Pastora Denise. Seis meses depois estávamos casados. Evidentemente casei virgem. Lógico que era isso que meu pai e minha mãe desejavam e assim o fiz. Muito mais do que isso, porém, era meu compromisso com Deus e obediência à Sua Palavra. Você pode fazer escondido de todos, mas jamais de Deus. O que aprendi com a Palavra é que nosso corpo é o templo do Espírito Santo. Deus criou tudo, inclusive o sexo, mas ele deve ser usado no momento certo. Se o momento é errado, o sinal é avançado, isso pode trazer sérias consequências à sua vida, ao seu corpo, às suas emoções. Lembro que certa vez, na faculdade, conversávamos sobre esse tema e via em muitas meninas a decepção, a desilusão e o arrependimento por terem feito tal coisa e descobrirem depois que o vazio e a frustração tomaram conta do seu coração.

Sempre tive a certeza de que Gilmar me respeitava, assim como eu a ele. Então, ele saberia esperar, como fez. Atitudes como essa me fizeram confiar ainda mais naquele que seria meu companheiro para toda a vida, pois quem sabe respeitar e ser fiel antes do casamento também o fará depois. Pense sobre isso antes de dizer sim a qualquer proposta, mesmo que seja com quem você quer se casar. Se a pessoa ama você, saberá esperar. E não existe nada melhor do que se entregar para a pessoa amada sem medo, culpas e preocupações. Aquele que ama também sabe dizer NÃO! Sabe respeitar e sabe honrar a pessoa amada. Sem essa de experimentar a fruta para saber se é saborosa, se vai gostar. O amor, quando é puro e sincero, faz com que tudo se encaixe. Deus é perfeito e assim criou tudo. Se existe amor, é claro que vou fazer meu marido feliz e ele me fará feliz em todos os aspectos.

Entender o valor que o corpo tem para Deus é fundamental. Só assim você pode estar no momento mais íntimo do seu casamento sem se preocupar com coisa alguma. Esse momento Deus reserva para os casais desfrutarem cem por cento, sem reserva, sem uma mente acusada, sem uma preocupação. Isso é amar sem limites, é fazer a coisa correta, respeitar a pessoa que se ama e se entregar de uma forma linda na hora certa. Jovens são incentivados a ter experiências antes do casamento para ficar bem na rodinha de amigos ou provar alguma coisa para alguém. Meu marido não precisou provar nada para ninguém. Muito menos eu.

E você também não precisa!

Um grande homem é construído com o caráter de Cristo, e o caráter ensina a respeitar as pessoas, a fazer a coisa correta, a amar aquela pessoa a ponto de não querer satisfazer o próprio interesse primeiramente, mas honrar aquela pessoa. E isso no nosso casamento construiu uma base tão linda e tão forte! Confio no Gilmar e ele confia em mim. Isso vale para o seu casamento. Se ele soube respeitá-la antes de casar, então vai saber respeitá-la depois do casamento também. Não precisa se preocupar, ficar insegura, porque uma pessoa que sabe a importância da Palavra e a aplica em sua vida certamente sempre será fiel ao seu cônjuge.

EU SEMPRE SEREI FIEL A ELE. ELE SEMPRE SERÁ FIEL A MIM. E NÓS DOIS SEREMOS SEMPRE FIÉIS, ESPECIALMENTE A DEUS

Uma relação baseada na confiança e no respeito, tendo Jesus e sua Palavra como alicerces, trará a segurança que você espera. Sua casa estará firme sobre a rocha e nada poderá abalá-la! Lembre-se de que você um dia decidiu amar seu cônjuge. E o verdadeiro amor vem de Deus. Conheça mais a Deus e você conhecerá mais do seu amor e saberá construir a sua casa sobre a rocha que é Jesus. Tempestades virão, ventos virão, mas a sua casa permanecerá de pé. "Quem ouve esses meus ensinamentos e vive de acordo com eles é como um homem sábio que construiu a sua casa na rocha; quem ouve esses meus ensinamentos e não vive de acordo com eles é como um homem sem juízo que construiu a sua casa na areia" (Mateus 7:24,26, NTLH).

Assim que me casei, passei três dias em lua de mel em Paris e depois fui diretamente para a Espanha. Chegando a Madri, era tudo novo para mim. Gilmar havia alugado o apartamento, decorado, e tudo era motivo de confetes, festas, alegria e felicidade. Ficamos nove meses lá, uma lua de mel prolongada. Todo mês eu vinha ao Brasil para cumprir minha agenda, ficava uma semana e retornava a Madri. Matava a saudade dos meus pais, via os amigos, cumpria meus compromissos e rapidinho estava de volta ao meu lar. Aprendi espanhol e isso foi muito positivo para minha carreira. Deus é perfeito em tudo o que faz. Gravei em espanhol e abri mais um braço do meu ministério do louvor. Depois desses meses, Gilmar recebeu um convite para jogar no Palmeiras e ficamos morando um ano em São Paulo. Mais tarde, ele foi convidado pelo Flamengo, e eu pude voltar para minha cidade, o Rio de Janeiro. Passou ainda alguns anos no Botafogo, onde encerrou sua carreira, mas continuou "carioca", apesar de paulista.

MULHERES SÃO GERADAS PARA SER AJUDADORAS

Nossa vida mudou depois que Gilmar largou o futebol? Acho que a vida dele mudou muito. É claro que ele poderia ter jogado mais cinco anos. Parou bem jovem, e, embora já tivesse conquistado muito profissionalmente, tinha alguns sonhos ainda como jogador. Seu coração, porém, apontava para os sonhos de Deus com muito mais força. Ele sabia que precisava se dedicar mais ao Reino de Deus e não encontrava tempo. Também acabávamos nos encontrando pouco, por causa das agendas. Tomar decisões às vezes não é fácil, mas é necessário. Nós, mulheres, temos um grande papel e fomos geradas para ser ajudadoras: ajudar pessoas, ajudar a construir uma sociedade melhor, ajudar o cônjuge no que for preciso para vê-lo chegar ao lugar que Deus quer que ele chegue. Essa é nossa missão. Jamais impus algo, mas com sabedoria o ajudava a refletir sobre essa questão como uma ajudadora. E orava muito, porque o que mais queria era vê-lo feliz. "Quem acha uma esposa encontra a felicidade, recebeu uma bênção de Deus, o Senhor" (Provérbios 18:22, NTLH). O que trouxesse paz e felicidade para seu coração também me faria feliz. Conversávamos sobre o chamado e os projetos de Deus em sua vida, sobre família, sobre tantas coisas, porém eu não sabia o momento certo em que ele tomaria sua decisão. Isso era entre ele e Deus, eu não podia decidir por ele. Deixei bem claro: "Se você quiser continuar jogando, estou com você, o apoio. Se achar que chegou a hora de você não estar mais no futebol, também estou aqui para apoiá-lo, sou sua esposa." Ele teve algumas experiências com Deus que fizeram com que decidisse que aquela era a hora, aquele era o momento.

Outro fator que pesou em sua decisão: o nascimento de Nicolas. Ele não foi um filho planejado, mas foi o meu presente, veio porque Deus quis que ele viesse e em uma data muito especial! Era Dia das Mães, fiz aquele testezinho de farmácia e deu positivo. Fiquei caladinha, não contei para ninguém, chamei Gilmar em um canto e revelei a novidade. Ele explodiu de felicidade. E eu também. A gente acha que não está preparada, que nunca é o momento, porque a vida é uma correria e deve sempre esperar mais um pouco. Quando vem a notícia, o coração derrete.

Fiquei um pouco preocupada em como contar para meus pais. Estranho, não é? Sabia que esse é o ciclo natural, o fluxo da vida, o que Deus projetou para todos, mas me dava certa apreensão pensar que precisava deixar de ser um pouco filha para ser finalmente mãe. Fiz um jantar, chamei meu pai, minha mãe, meu irmão, preparei a mesa lindamente, todo mundo comeu muito bem. "Agora tenho uma bomba para contar para vocês." Meus pais arregalaram os olhos assustados. E eu gritei: "Você vai ser vovó e você vai ser vovô." Meu pai ficou meio sem chão no primeiro momento, minha mãe me abraçou, meu pai também, meu irmão se juntou e foi uma felicidade só. Gilmar, nem se fala! Estava dando cambalhotas. Foi o gol de placa da sua história. Sua vida jamais seria a mesma, estava agora se preparando para ser papai. Que lindo!

Nicolas foi muito esperado. No dia em que nasceu, 4 de janeiro de 2003, fui para a maternidade às 5 da manhã e havia uma comitiva junto: minha mãe, minha sogra, meu irmão, minha tia, meus pastores e amigos. Gilmar entrou comigo, acompanhou tudo, eu estava meio grogue, mas só dormi depois que me mostraram meu filho. Quando estava no quarto e trouxeram Nicolas, aí, sim, chorei de alegria. Chorei muito. Foi o momento mais lindo da minha vida pegar meu filho no colo, amamentá-lo. Eu só sabia agradecer a Deus. Gilmar teve que viajar no dia seguinte, porque estava em pré-temporada, logo em seguida começava o campeonato, e por algum tempo teve que ficar indo e vindo, não estando tanto ao lado do Nicolas como gostaria. Estar ausente da criação do filho deixava-o muito intranquilo.

Hoje Gilmar está mais feliz, mais perto de Nicolas e no centro da vontade de Deus, o que é uma bênção para todos nós.

"No amor não há medo; o amor que é totalmente verdadeiro afasta o medo..."

(1 João 4:18, NTLH)

Nasce um fruto de um grande amor, Pai
Os meus olhos podem contemplar expressão
maior do teu poder,
Pai [...]
O maior milagre aconteceu, Pai
Um novo coração pulsando como o teu
Momento lindo em que recebemos Nicolas, o fruto
que o Senhor nos deu

NICOLAS

Aline Barros e Cleberson Horsth

15

Maternidade

"Filho, faça o que seu pai diz e nunca esqueça o que sua mãe ensinou."

(Provérbios 6:20, NTLH)

Uma mãe jamais esquece o dia em que seu filho nasceu. Nicolas era a coisinha mais gostosa do mundo: lindo, forte, com uma boquinha vermelhinha. Sempre soube que meu primeiro filho seria um menino. Havia esse sentimento muito forte dentro de mim desde muito novinha. Desde antes de casar já havia decidido que o nome do meu primeiro filho seria Nicolas. Achava o nome lindo, já havia pesquisado o significado — Nicolas quer dizer vitorioso — e nada me faria desistir. Quando fiquei grávida, precisei convencer Gilmar, que se mostrou meio relutante — acho que ele queria que o filho tivesse seu nome. E eu lá, bem turrona, cabeça-dura: "Vai ser Nicolas", "Nicolas é lindo", "É o nome que sempre sonhei", "Por favor, meu amor, por favor!" Tanto enchi os ouvidos dele, com carinho, claro, que Gilmar acabou concordando. "Mas coloca Jorge como segundo nome." Jorge é o segundo nome de Gilmar. Em um relacionamento é sempre assim, cada um cede um pouquinho. Dei apenas uma incrementada, um toque a mais e ficou assim: Nicolas Giorgi Barros dos Santos, nosso vitorioso.

Nicolas é minha riqueza, meu tesouro, minha vida. Quando ele nasceu e vivi o período mais duro da minha vida, sem poder cantar, em nenhum momento me descuidei dele, jamais deixei de dar-lhe atenção. Queria tê-lo sempre pertinho de mim. Amamentei-o por nove meses, só parei quando ele quis. Quando gravei *Fruto de Amor*, entrava no estúdio, gravava uma música e parava para dar de mamar ao meu filhote. Quando retomei minhas atividades, ele viajava comigo para tudo quando é canto deste Brasil.

Primeiro filho assusta. "Meu Deus, será que estou fazendo certo?", é o que toda mãe se pergunta. Há quem diga, brincando, que filho devia nascer do segundo. Devia mesmo, porque as mães não se sentiriam tão inseguras. Gilmar estava jogando futebol e justamente no dia em que Nicolas nasceu ele precisou voltar para a concentração. Eu tive, porém, uma ajuda muito grande da minha mãe. Ela ficou ao meu lado o primeiro mês inteiro e foi muito importante para mim. Foi super 10 comigo. Até hoje, mamãe, que é a avó querida do coração, faz tudo o que o netinho quer.

Desde pequenininho, Nicolas foi espoleta, esperto, saudável, não parava quieto. Não dava para tirar o olho dele. Quando o colocava na cama, ele dava um jeito de ir escorregando e sair dela. Ele nem engatinhou, do andadorzinho saiu andando direto. Solange e eu cortamos um dobrado com ele. Solange é um presente de Deus; ela foi trabalhar comigo quando Nicolas tinha 4 meses. A outra menina que trabalhava comigo precisou voltar para o interior, onde viviam seus pais. Orei muito pedindo que Deus me mandasse a pessoa certa, de confiança, que pudesse dormir em minha casa, que estivesse disposta a viajar comigo, enfim, que ele soubesse que era a indicada para mim e para Nicolas. Solange caiu do céu para minha casa. Ela é uma pessoa muito especial, que tem grande amor pelo Nicolas. Hoje é muito mais do que apenas a babá carinhosa e atenciosa. Solange tem um coração do tamanho nem sei de quê, daqueles que ajudam, aconselham, servem. Tenho amor e gratidão imensos por ela. Pequenininha por fora, mas um gigante por dentro, ela é parte da nossa família. Nós amamos muito a Sossô!

Nicolas é um garoto superdivertido e tem um pouquinho da mamãe e do papai, tanto no físico como no jeito de ser. Tenho que confessar: ele tem mais do Gilmar. Sou mais tranquila, observadora, ele é extrovertido como o pai. Nada intimida Nicolas, ele é muito comunicativo. Quando ele vai comigo a eventos, pega o microfone, conversa com as pessoas, pergunta se elas querem cantar. E aí pega sua guitarrinha, fica ao lado do meu pai — que é também guitarrista da minha banda — e faz caras e bocas, dá pinta de roqueiro, se joga no chão. Mesmo depois de todas essas brincadeiras, ele nunca deixa de orar pelas pessoas que estão ali e abençoá-las, pois essa é sua grande missão.

A OBRA DE DEUS NÃO PODE PARAR

Acho muito importante reunir três gerações no mesmo palco em um mesmo louvor. Meu pai é uma referência para mim, assim como hoje sou para Nicolas. É maravilhoso estar no palco interagindo com meu pai e com meu filho. A questão da comunicação entre as gerações é fundamental e não se vê muito isso hoje em dia. As gerações estão muito isoladas umas das outras, perdendo as referências, jovem só gosta de ficar com outro jovem e isola os mais novos e os mais velhos. A Bíblia fala sobre "passar o bastão para outras gerações". É muito lindo quando se vê o exemplo da vida de Moisés e Josué ou Elias e Eliseu. Uma geração mais nova servindo e aprendendo com grandes homens de Deus, que eram referências para eles. Havia comunicação entre as gerações. A vontade de ver uma nova geração servindo por prazer e amor, sabendo de fato quem são eles em Deus e compreendendo o tamanho do seu Deus, aonde eles podem chegar, era o que Jesus queria ao treinar os 12. Passando-lhes o bastão, ele disse: "Ide por todo o mundo, pregai o evangelho" (Marcos 16:15, ARC).

Em outras palavras, Jesus disse: "Façam o que eu fiz, ensinem outros, vivam a verdade do evangelho e anunciem às futuras gerações os feitos do Senhor, porque a obra de Deus não pode parar."

É importante, repito, aprender com as gerações anteriores e ensinar às gerações mais novas tudo o que aprendemos, porque um dia elas serão melhores do que nós. Se você entender isso, nunca desejará ser um jovem isolado apenas no seu mundinho, mas buscará a conectividade com gerações mais velhas para aprender com elas e ganhar velocidade para chegar aonde Deus quer que você chegue. Buscará, também, interatividade com uma geração mais nova para mostrar a verdade de uma forma bem prática e com seu estilo de vida anunciar Jesus.

Isso é o que espero para Nicolas, que ele seja melhor do que eu.

E o que espero para você!

ORO PARA QUE ELE SAIBA ESCOLHER OS MELHORES CAMINHOS

Eu não forço Nicolas a fazer nada: "Tem que cantar, ser músico, gostar de música." Mas isso é natural nele, desde meu ventre Nicolas já ouvia a pulsação da música. Ele nasceu e está crescendo nesse ambiente, além de ser uma criança muito musical. Agora está estudando violino. Foi meu pai que deu este toque: "Por que você não coloca Nicolas para aprender violino? Amanhã pode ser que esse não seja o instrumento dele, mas a técnica do violino é muito importante e vai ajudá-lo se ele quiser tocar qualquer outra coisa, principalmente guitarra." Meu pai falou, está falado. Nicolas começou a fazer aulas e está indo muito bem, segundo me disse a professora. Está começando, mas acho lindas suas primeiras notinhas. Não consigo deixar de imaginar: eu cantando e Nicolas tocando violino ou qualquer outro instrumento. Mas, repito, não forço nada, só incentivo, apoio e oro para que ele saiba escolher os melhores caminhos. "O que eu peço a Deus é que o amor de vocês cresça cada vez mais e que tenham sabedoria e o entendimento completo, a fim de que saibam escolher o melhor. A vida estará cheia das boas qualidades que só Jesus Cristo pode produzir para a glória e o louvor de Deus" (Filipenses 1:9-11, NTLH).

Nicolas está despertando agora também para o futebol e Gilmar está feliz da vida. Na escola, ele tinha as aulinhas de futebol, mas, de um tempo para cá, a vontade de jogar bola aumentou de forma impressionante. Ele vive chamando o pai para bater bola, e Gilmar pega no pé dele, coloca o garoto para trabalhar pesado, para fazer aqueles circuitos, chutar por cima da barreira e meter a bola na forquilha — nem eu sabia o que era isso, só sei que os dois se divertem. Se o caminho dele for o futebol, que assim seja, e que ele faça a diferença!

Deus sonha para Nicolas um futuro vitorioso, assim como seu nome.

Deus sonha para seu filho, o que tem e os que virá a ter, também um caminho vitorioso.

Ah, outra coisa em que Nicolas é parecido comigo: ele é Flamengo. Deu a mão para mamãe e não para papai. Mas não vale tanto assim, porque Gilmar, de fato, não tem time. Acho que jogador de futebol nem pode ter time. No fundo ele tem uma "inclinaçãozinha" pelo São Paulo, porque começou a jogar lá, sua história foi construída no clube e fez muitas conquistas em sua carreira. Além disso, foi no São Paulo que ele aprendeu, compartilhou experiências com Telê Santana, por quem tem carinho, respeito e consideração enormes. Professor Telê, assim Gilmar chama o homem que, mais do que técnico, foi conselheiro, orientador, paizão. Mas o Nicolas é Flamengo! Uma vez Flamengo, sempre Flamengo!

Gilmar e eu valorizamos muito o diálogo em família. E isso acontece na nossa. Assim como a preocupação com a disciplina, com a educação. Nicolas não é uma criança mimadinha. Na realidade, Gilmar é bem mais durão do que eu, que sou mais mãezona. Ele tem razão, porque de vez em quando tem que pegar firme mesmo, não pode deixar correr frouxo, porque a criança também espera isso, que você a corrija, ensine-a, coloque limites. Ela grita no seu íntimo por isso, e é necessário que os pais sejam respeitados. Não é medo, é respeito. Sempre buscamos ter esse equilíbrio dentro da nossa casa e corrigir o Nicolas quando for preciso. "É natural que as crianças façam tolices, mas a correção as ensinará a se comportarem" (Provérbios 22:15, NTLH). Ele é um filho abençoado.

Assim como será o próximo filho ou filha. Vivo na correria, mas acho que em determinado momento é preciso parar um pouco e fazer aquilo que nosso coração pede, ir em busca dos nossos outros sonhos, das nossas realizações mais pessoais e profundas. Um novo filho, por exemplo, que acrescenta e soma. Filho é só bênção. Já se passaram sete anos, esperando o momento mais adequado. Não que eu não quisesse, ao contrário, mas aparecia um novo projeto e a gravidez ia sendo adiada. Esse tempo de espera, porém, foi bom. Deus faz sempre as coisas certas. Nicolas agora está mais independente e indócil para ter um irmãozinho ou uma irmãzinha. Se Deus me der a graça de ter uma filha, acho que vou voltar a brincar de boneca, vou enfeitá-la muito, colocar vestidinho, lacinho, sentar no chão e brincar de panelinha, ai, que delícia! E, se vier um menino, vai ser maravilhoso também. Deus sabe o melhor caminho. Nicolas tem orado muito e tenho certeza de que vai ajudar, ser carinhoso, porque ele é assim com as outras crianças.

Este é o ano. Agora é, literalmente, quando Deus quiser. E Deus vai abençoar novamente minha família com o bem mais precioso que ela pode ter.

"... o Senhor me chamou desde o ventre, desde as entranhas de minha mãe fez menção do meu nome. E fez a minha boca como uma espada aguda; com a sombra da sua mão me cobriu; me pôs como uma flecha limpa e me escondeu na sua aljava."

(Isaías 49:1,2, ARC)

Deus alcançou e modificou toda a minha casa
Ainda que venha a tempestade, não nos abalará

Família
Aline Barros e Ronaldo Barros

16

Família

"E a sua família será conhecida entre as nações e seus descendentes no meio dos povos; todos quantos os virem os conhecerão como semente bendita do Senhor."

(Isaías 61:9)

Eu me emociono bastante quando falo da minha família. Estou casada há 10 anos e nunca tive um motivo para falar mal de Gilmar. Ao contrário, ele sempre cumpriu com as responsabilidades como marido, pai, homem. Procura ser correto em tudo o que faz, não só no nosso casamento. Tem palavra, o que para mim é muito importante, pois assim fui criada. Olho para meu pai e vejo que é um homem de caráter, de palavra, que valoriza os princípios também. Assim como Gilmar, e não estou querendo fazer comparações entre eles, mas somente provar a importância desses valores. Há pessoas que não são evangélicas e que têm um casamento estruturado, por causa do caráter, de princípios e valores. Quando você faz uma aliança a três, isso se torna mais forte ainda. O que é uma aliança a três? É quando Deus entra e se faz presente no seu casamento. Quando você convida Jesus para fazer parte da sua vida, do seu casamento, aí tudo se torna mais sólido ainda, porque a Palavra diz. "...que um cordão de três dobras não se rompe" (Eclesiastes 4:12, NVI). Essa base que Gilmar e eu temos, com Jesus no nosso relacionamento, é a coisa mais linda que há.

Por isso mesmo, quando nos casamos, não foi somente no papel, mas também com uma cerimônia religiosa, em que recebemos a bênção de Deus sobre nossa vida. Foi um momento muito especial quando nossos pastores oraram por nós — meu casamento foi feito por quatro pastores: meu pastor na época, Pastor Ari; o pastor do Gilmar, Pastor Jabes; nosso pastor atual, Pastor Marco Antonio; e o reverendo Guilhermino Cunha, que cedeu a Catedral Presbiteriana, que é lindíssima, para que fizéssemos a cerimônia. Cada um desses pastores fez uma parte; um trouxe a Palavra; o outro, uma oração nos abençoando; outro falou sobre princípios. E no dia do casamento aprendemos algo muito importante, que nos acompanha até hoje: não dormir antes de resolver um problema, porque uma noite maldormida jamais volta. Virar de lado, fazer biquinho, ficar emburrado, cada um para seu lado sem se falar, é infantil e bobo e não podemos deixar que isso aconteça. É preciso existir o sentimento de perdão. Cada um tem seus motivos e os dois precisam aprender a ceder e a perdoar, resolver a situação, aparar as arestas, se abraçar, orar juntos e só depois dormir.

A PALAVRA DIZ QUE DEUS É AMOR

Casamento não é uma mistura de propósitos e sim a soma de propósitos de duas pessoas. Não é uma fusão, mas a soma dos propósitos dados por Deus a cada um.

Nenhum relacionamento é um mar de rosas. Tenho meus momentos de tromba, de turrona. Nem sempre o que ele faz me agrada; nem sempre o que faço lhe agrada. Mas deve haver o respeito, o diálogo e o perdão. Isso é amor. Quando estou chateada, olho bem para ele e penso: "Esse é o homem que decidi amar, que prometi respeitar, que orei tanto para que aparecesse em minha vida, um homem que é apaixonado pelo Reino de Deus..." E meu coração se enternece. Fixo, então, meu olhar em suas qualidades, em vez de apontar seus erros. O amor vem acima de tudo. O que acontece hoje nas famílias é que, por causa de coisas pequenas, por diferenças tão mínimas, a relação acaba destruída. O grande segredo é: amar seu próximo como a você mesmo, amar a pessoa que está do seu lado e fazer por ela o que você gostaria que fizessem por você. Está na Palavra. Quando se ama, se consegue olhar as qualidades e não somente perceber os pontos fracos do outro. Quando se ama, se trata a pessoa amada como gostaria que fosse tratado. Quando se ama, se valoriza, se honra, se respeita a pessoa amada.

O AMOR SE SOBREPÕE A TUDO

Não existe maior referência de amor do que Deus; a Palavra diz que Deus é amor. "Queridos amigos, amemos uns aos outros porque o amor vem de Deus. Quem ama é filho de Deus e conhece a Deus. Quem não ama não o conhece, pois Deus é amor" (1 João 4:7,8, NTLH). E esse amor se manifesta independentemente dos nossos erros e fraquezas, por meio do seu filho, Jesus, que foi enviado ao mundo para que por ele vivamos. Deus nos ensina a amar uns aos outros como ele nos amou, com a perfeição do seu amor. Se Deus está com você, a perfeição do seu amor também estará.

O amor é a base de tudo na vida do ser humano. Jesus mesmo falou que todos os mandamentos se resumem apenas nestes dois:

1º — Amar a Deus de todo teu coração, de toda tua força e toda tua alma.

2º — Amar a teu próximo como a ti mesmo.

Pense sobre isso.

SÃO LINDAS AS PROMESSAS DE DEUS PARA AS FAMÍLIAS

Outro dia, em uma conversa em família, falávamos a respeito das muitas instituições falidas e desacreditadas. A família, inclusive, tem sido vista dessa forma. Como cristãos, porém, compreendemos a importância desse projeto de Deus e sua eficácia como agente de transformação em nossas igrejas e em nosso país. Jesus deu sua vida por pessoas e nós devemos nos empenhar para que muitas outras sejam alcançadas por meio da nossa casa, lugar onde o Senhor opera milagres e sua glória habita, fazendo prosperar nosso caminho. São lindas as promessas de Deus para as famílias. Com obediência, submissão e amor, temos visto que, enquanto a casa de Deus cresce e prospera, nossa casa também é abençoada.

Outra lição preciosa é ter um coração disposto a servir aos nossos irmãos, à nossa igreja e ao Senhor. E, como família, queremos servir e dividir a porção dobrada que Deus tem derramado sobre nosso lar. Desejamos que famílias sejam reconstruídas e edificadas por meio desses ensinamentos, que nossas igrejas sejam fortalecidas e que nossa nação seja impactada!

> "O Espírito de Deus produz o amor, a alegria, a paz, a paciência, a delicadeza, a bondade e a fidelidade."
>
> (Gálatas 5:22, NTLH)

Deus que move os céus a meu favor
Quero muito, muito mais da tua vida
Sou totalmente teu com tudo o que há em mim
E quanto mais me esvaziar
Mais completo eu serei
E transbordarei de ti, Senhor

Deus que move os céus

Aline Barros e Eyshila

17

Futuro

"Só eu conheço os planos que tenho para vocês, prosperidade e não desgraça e o futuro cheio de esperança."

(Jeremias 29:11, NTLH)

São 20 anos de carreira, sete CDs em português, cinco internacionais, em espanhol, quatro CDs infantis, oito DVDs e várias coletâneas. Porém não cheguei ainda ao cume do monte, ainda há muita coisa para acontecer. E a vida com Deus é assim, só crescimento. O pensamento de Deus é sempre mais alto do que o nosso, a mente do Senhor vai muito mais além, os sonhos dele para a gente são infinitamente superiores aos nossos. Minha vida é projetar para o alto; projetar para ir mais além. Se hoje cheguei aqui, amanhã Deus tem muito mais. Deus sempre prepara algo novo para nossa vida. Deus é cheio de surpresas e novidades. Aliás, a vida com Deus é uma aventura constante! Sua Palavra diz que para os filhos de Deus sempre haverá um caminho mais alto. "Para aquele que anda em justiça e fala com retidão, este seguramente habitará nas alturas" (Isaías 33:15,16).

SOMOS O CANAL, O INSTRUMENTO DE COMUNICAÇÃO, A VOZ FIEL DE DEUS

Hoje em dia viajo muito, todas as semanas praticamente. Existe uma necessidade tão grande nos lugares por onde passo de receber uma palavra, uma mensagem diferenciada que não tenho como negar. Faço porque amo Deus e as pessoas. Acho importante deixar de olhar um pouco para mim mesma para olhar em volta, para todos que precisam tanto da Palavra e do amor de Deus. "...todos terão fome e sede de ouvir a mensagem de Deus, o Senhor" (Amós 8:11, NTLH). Podemos ser úteis para Deus de uma forma muito especial. Somos o canal, o instrumento de comunicação, a voz fiel de Deus. Quero ser um microfone altamente aperfeiçoado que vai traduzir da forma mais fiel e original a voz Daquele que está falando através de mim. Ou seja, sou apenas o instrumento que Deus vai usar para falar a milhares de pessoas com a maior clareza, brilho e autenticidade possíveis.

Há um tempo tive uma experiência muito interessante: entrei no palco para cantar e literalmente não havia som algum saindo do microfone. Eu cantava, falava e nada acontecia. Eu pedia para aumentarem o volume... mas nenhuma reação. Todos queriam ouvir o que Aline estava cantando, o que Aline tinha a dizer. Nesse momento, percebi que o que ia potencializar o som da minha voz estava sendo usado de maneira errada. Há quem não acredite, mas entrei com ele de ponta-cabeça. Dessa forma ninguém ouviria nada, mesmo sendo um instrumento com tamanha potência. Imediatamente coloquei-o na posição correta e o som da minha voz saiu. Assim somos nós, uma grande potência nas mãos de Deus.

Certamente ele nos endireitará, nos lapidará, nos conduzirá e ajudará a tomar a posição correta para usarmos, então, tudo o que temos e somos de forma potencializada, amplificando assim a voz do Deus Todo-Poderoso na nossa vida.

A Bíblia fala que todos nós temos um nome e nos foi dado um sobrenome. Eu me chamo, então, Aline Potência.

E você?

Deus quer usar você e fazer ecoar pelos quatro cantos da Terra. Um microfone altamente potente sem ser usado de nada adianta, não produzirá som algum. Por isso não pense que você chegará a algum lugar ou causará algum impacto sozinho. É preciso que alguém use esse microfone.

Qual é a voz que tem falado através de você nos dias de hoje?

Deus conta com você!

Deixe Deus usá-lo, assim como Ele me usa!

ROMPENDO BARREIRAS E INDO ALÉM DAS FRONTEIRAS DA RELIGIÃO

Viajo sempre com uma grande equipe: minha banda — duas guitarras, um baixo, uma bateria, um teclado, dois *backings* —, além dos técnicos de mesa, PA, iluminador, "roadies". É uma estrutura considerável para a música gospel — na música secular, a estrutura é bem maior. Gilmar nem sempre viaja comigo, porque, na realidade, ele cuida da AB Produções, orientando, dando gás nessa turminha maravilhosa que trabalha conosco. Fora isso, tem as atividades dele. Embora tenha parado de jogar futebol, volta e meia é convidado para narrar um jogo ou fazer algo relacionado com esporte. Além disso, é um empresário com mil e uma atividades. Gilmar tem um coração de gigante e está profundamente envolvido nas causas sociais. Isso nasceu no tempo em que ele era jogador, quando trocava sua camisa por cestas básicas, e se intensificou muito nos últimos tempos. Gilmar trabalha bem de perto nos projetos Impactar e na associação Saúde 10 × 0 Fome. Além disso, idealizamos o Louvor sem Fronteiras (www.louvorsemfronteiras.org.br), que reúne os projetos desenvolvidos por nós e nossas atividades ministeriais e sociais. Assim, potencializamos nossa ação, rompemos limites e alcançamos as pessoas por meio do louvor e da adoração, da Palavra de Deus e do testemunho cristão.

Sempre rompi barreiras e Deus me colocou em uma posição em que não somente os evangélicos me conhecem. De certa forma rompi a fronteira da religião. Foi um processo longo que começou quando ainda era pequena, no programa da Xuxa; se solidificou quando apareci no *Criança Esperança*, em 1995, e encerrei o programa, entrei no palco depois de Roberto Carlos e foi uma coisa muito linda; deu mais um passo quando uma música antiga do meu segundo CD, *Voz do Coração*, *Recomeçar*, entrou na novela *Duas Caras*. Hoje sou frequentemente convidada para programas, onde antes só se apresentavam artistas de música secular. É claro que me orgulho disso, de poder levar a palavra de Deus, tocar milhares de pessoas e alimentar a fé no coração delas. Meu sonho para o futuro, e espero, com fé em Deus, realizar quanto antes, é criar uma escola de música para ajudar muitas crianças talentosas que não têm oportunidade e, quem sabe, associar isso ao esporte. Unir música, esporte e a Palavra de Deus certamente será lindo e colheremos frutos para nossa nação.

DEUS FAZ DAS COISAS SIMPLES ALGO EXTRAORDINÁRIO

O que o futuro me reserva? O mesmo que reserva para você!

Deus é quem faz e não há limites para quem anda com Ele e olha para o alto. O coração faz tantos planos, mas a resposta certa vem do alto. Seu futuro será brilhante se seus olhos estiverem focados em Jesus, porque dele vem a resposta para todas as coisas.

"...e nos fez assentar nos lugares celestiais..." (Efésios 2:6, ARC). Olhar para o alto é você dizer não ao que está à sua volta. Olhar para o alto é ver de forma diferente aquilo que é natural. Tudo o que é simples e comum, entregue ao Deus Todo-Poderoso, se torna extraordinário. Há vários exemplos na Bíblia. Um deles fala do menininho que levou cinco pães e dois peixinhos e os apresentou para Jesus, quando ele estava ali no meio da multidão pregando. Já estava ficando tarde, e os discípulos falaram para Jesus: "Despede a multidão, a hora já é avançada, eles não têm o que comer por aqui e precisam ir para casa." E Jesus mandou que eles dessem algo para a multidão comer. Os discípulos se surpreenderam, porque nada havia a oferecer. Jesus pegou os cinco pães e os dois peixinhos oferecidos pelo menino e transformou aquilo tão simples e comum em algo extraordinário, que alimentou uma multidão de 5 mil homens, além de mulheres e crianças, e ainda sobraram 12 cestas cheias. O que é pouco aos olhos humanos nas mãos de Deus se torna algo muito grande.

Você quer saber o segredo para transformar uma coisa comum em extraordinária?

Simples: apresente-a diante de Deus.

UM FUTURO EM DEUS SÓ RESERVA COISAS GRANDES

Olhar para o alto é ver um exemplo a ser seguido, o exemplo do próprio Jesus, que rompeu barreiras, foi além das fronteiras da religião e nos garantiu um futuro tão poderoso que, mesmo quando estamos à beira do abismo, perto de desistir dos nossos sonhos, ele nos faz lembrar que maior é o que está em nós. Maior é o que está em nós do que o que está no mundo. Sinta o vento do Espírito levar você a lugares mais altos, sonhos maiores.

Não tenha medo do futuro, não tenha medo do amanhã. Seu potencial é muito maior. Você acha que não possui potencial algum? Você está completamente equivocado. Um bom microfone conectado e alimentado pela fonte de energia correta será potencializado de forma extraordinária, preparado para desempenhar bem o papel para o qual foi criado, e amplificará a voz daquele que fala da maneira mais fiel possível. Um futuro em Deus nos reserva coisas grandes.

Deus não quer frustrar seus sonhos, mas acrescentar a eles. Sonhos são gerados dentro de nós e a chave para gerar coisas extraordinárias é dizer sim para o Espírito Santo, é entrar em concordância com Deus. Certamente é o que ele espera de nós nestes tempos, que entremos em concordância com ele. Você pode dizer sim ou não. O que você tem dito para Deus? Com certeza ele está esperando nosso sim. Muitas vezes trancamos nosso coração e não nos permitimos sonhar. Talvez por uma decepção que tenhamos tido, por uma frustração de algo que não aconteceu, por timidez ou por complexo de inferioridade, escondemos a chave do nosso coração em um lugar que somente nós sabemos. Tenho uma boa notícia para você: lembre-se de que Deus nunca colocará seus sonhos em nós e nos deixará sozinhos.

A única chave que nós temos e precisamos entregar para Deus é a do nosso coração. Se não abrirmos a porta do nosso coração, Deus não a arrombará. Deus espera que nós entreguemos a chave e digamos sim. Ele espera todo dia isso em nossa vida. Eu amo novos desafios e estou sempre disposta a sair dos padrões do mundo, da mesmice e fazer valer aquilo que Deus falou. E você? Só assim nos tornaremos diferentes da normalidade do mundo. A própria Palavra diz que "jovens terão visões e velhos sonharão" (Atos 2:17, NTLH).

É um pouco difícil entender isso? Talvez, porque jovem não tem visão do futuro, é imediatista, olha para o presente, se interessa pelo agora. E velhos sonharem? É completamente diferente do padrão. Mas a Palavra diz que devemos ser diferentes da normalidade do mundo. Muitos velhos estão no fim da vida e acham que não precisam mais sonhar. Muitos jovens acreditam que jamais terão visões do futuro com os olhos da fé. Quero dizer a você, jovem, que você terá, sim, uma visão de futuro. Um futuro em Deus, que superará todas as suas expectativas. E a você, que pensa estar no final, quero dizer que ainda é tempo de frutificar. Não deixe de sonhar. A Bíblia diz que Caleb, aos 85 anos, ainda tinha desejo de conquistar e se sentia como um homem de 40. Imaginem isso, gente! Que vocês, jovens e velhos, possam se alinhar com os sonhos de Deus e fazer valer sua vontade em sua vida.

DIGA SIM PARA OS SONHOS EXCELENTES DE DEUS

Diga sim para Deus. Uma mulher chamada Maria também disse sim para os sonhos de Deus em sua vida. Disse sim para as promessas de Deus. Disse sim para uma palavra que ouviu e recebeu no seu coração. Quando ela disse sim, o que aconteceu? Ela abriu a porta do seu coração. Maria se diferenciou pelo que escolheu para sua vida: os sonhos excelentes de Deus. O que você tem escolhido? Você tem desejado sonhar? E sonhar os sonhos excelentes de Deus?

Maria impactou gerações por causa do que carregava dentro dela.

Você pode impactar gerações carregando Jesus dentro de você!

Você pode gerar para a próxima geração, e para que isso aconteça precisa de poder, de unção!

Você pode gerar os maiores sonhos, projetos e levar uma geração inteira a sonhar e criar com você. Neemias, um simples copeiro, sonhou em ver uma cidade reconstruída e suas portas restauradas e levou um povo a sonhar com ele, influenciando toda uma geração.

Jamais esqueça que seus sonhos vão influenciar gerações. Isso não o anima? Isso não o encoraja?

O que é preciso: abrir seu coração para Deus. Talvez você diga para mim: "Puxa, Aline, eu já guardei há tanto tempo essa chave que nem sei onde ela está agora. Talvez ela esteja no meio de entulhos de medo, insegurança, no fundo de um baú. Há tanta coisa no baú que nem consigo pegar a chave. Melhor deixá-la ali mesmo." Talvez sua chave esteja em um cofre e você precise fazer muito esforço para lembrar o segredo. Você pode pensar: "Deixe tudo como está." Não, não, não! Você precisa dizer hoje: "Eu quero voltar a sonhar. Preciso abrir a porta do meu coração e dizer sim para os sonhos de Deus, sim para o excelente sonho de Deus em minha vida."

Pense que Deus disse em sua Palavra: "Não temas." Seja uma das pessoas que em pleno século XXI estão dizendo sim e abrindo as portas do coração para grandes sonhos. Eu tenho feito isso, tenho sido incansável em desejar os sonhos excelentes de Deus para minha vida. Eu não descansarei enquanto não os vir cumpridos.

Ei, Deus acredita em você! Deus acredita em mim. Você é capaz de pegar essa chave, abrir a porta do seu coração e gerar coisas extraordinárias. Se Maria não tivesse pegado a chave, não participaria de algo tão grandioso na história.

Pense um pouco agora. O que você tem gerado? Tem gerado alguma coisa com defeito? Não, nós estamos gerando vida, alegria, amor, fé, força, criatividade. Diga para você mesmo: "Eu tenho fé para gerar o que Deus escreveu sobre mim." O mundo precisa de pessoas assim. Está na hora de você esquecer o medo e dizer sim, pegando a chave que abre seu coração.

NÃO DEIXE QUE SEUS SONHOS SEJAM MORTOS

Ei, pegue a chave que vai influenciar toda a sua história de vida! Olhe o que você pode fazer neste tempo cheio do poder de Deus. Não deixe que pessoas, circunstâncias, nada, nada mesmo, venha destruir o que está sendo gerado dentro de você. Resista a todos os pensamentos de aborto. Não deixe que seus sonhos sejam mortos. Apenas pegue a chave: o resto Deus faz. Com o poder de Deus, você se torna mais forte, faz qualquer coisa. Creia nisso! Cheios do poder de Deus, podemos tudo! Você vai gerar vida neste tempo: a vida de Jesus.

Ei, o mundo precisa disso! Precisa de você. A própria Palavra diz que "a criação aguarda com expectativa a manifestação dos filhos de Deus". E essas manifestações podem ser feitas por meio de sonhos. Sonhos de Deus gerados no seu coração.

MUITOS SONHOS NASCEM QUANDO ESTAMOS NA CASA DO PAI

Outro exemplo de sonhador foi José. Ah, a história de José é tão linda, tão impactante! José, um sonhador. Muitos podem não acreditar em você por causa do tamanho dos seus sonhos. Mas não se preocupe com isso, continue sendo fiel até o fim, inclusive quando você chegar ao topo. Deus pode fazer tantas coisas para que aconteça o que ele prometeu! Você sabia que muitos sonhos nascem quando estamos na casa do Pai? Pense em José. Onde tudo aconteceu? José estava na casa do Pai, compartilhou seus sonhos com os irmãos, com seu pai, mas verdadeiramente todos queriam matá-lo, ninguém acreditava no seu sonho, nem mesmo sua família. Lembre-se, porém, do que eu disse: Deus faz o possível e o impossível para fazer valer aquilo que um dia ele prometeu, aquilo que um dia ele colocou no seu coração. Os sonhos de Deus vão acontecer. De fato, a igreja é um lugar de sonhar, ideias fluem dali, sonhos espirituais fluem dali, tanta coisa flui dali! Eu mesma, depois de palavras ministradas em minha igreja, pelo meu pastor, quantas músicas já fiz com ideias que surgiram naquele momento! A casa do Pai é, realmente, uma riqueza. Os sonhos que surgem ali são os maiores. A igreja ou a casa do Pai é lugar para ter sonhos e realizá-los lá fora.

Acredite. Você é uma pessoa cheia do poder de Deus caminhando em direção a um lugar para brilhar. O mundo sonha com coisas grandes em que a resposta está em nós. Forte isso, não? Então, prepare-se para ser cabeça e não cauda, ter asas para voar mais alto, ter um futuro brilhante em Deus e ser exaltado pelo sonho. Os melhores dias da sua vida ainda estão chegando. Fique atento a isso. Continue sonhando, acreditando. Se estamos vivos, não percamos potencial para usar aqui na Terra e manifestar a glória de Deus.

Você nasceu para sonhar e vencer. Você nasceu para gerar e impactar. Você nasceu para dizer sim aos pensamentos de Deus, que certamente são maiores do que os seus. Você nasceu para voar como a águia. Você nasceu para grandes conquistas. Você nasceu para vencer.

Sonhe, prepare-se, realize!

O que mais poderia dizer a respeito de um futuro brilhante? Sabe qual é o segredo? Continuar sonhando, acreditando que o melhor está por vir. Talvez seus sonhos não sejam os meus. Talvez você sonhe com coisas diferentes daquilo que tenho sonhado. Uma coisa eu tenho certeza, porém: o lugar para estar, o lugar de vencedor, o lugar para brilhar é para todos nós.

A respeito do futuro, tenho expectativas de coisas maiores para mim e para você!

Que Deus o abençoe! Em nome de Jesus.

> "Tu, ó Senhor Deus, és tudo que tenho. O meu futuro está nas tuas mãos; tu diriges a minha vida."
>
> (Salmo 16:5, NTLH)

Discografia

CD

SEM LIMITES

Primeiro álbum de Aline Barros, lançado em 1996 por uma gravadora independente. Anos depois foi relançado pela AB Records, gravadora idealizada por seus pais, Ronaldo e Sandra Barros, para dar suporte ao ministério da cantora. O álbum traz canções que marcaram a música gospel brasileira e foi premiado com Disco de Platina.

VOZ DO CORAÇÃO

Esse segundo CD, lançado pela AB Records, traz 11 faixas, entre elas a regravação de *Mensagem da Cruz* e *Pai, Eu Te Amo*. O álbum conquistou Disco de Platina e marcou o ministério da cantora com *Fico Feliz*, *Corra para os Braços do Pai*, *Dai Louvor* e a romântica *Por Toda Minha Vida*.

CANÇÕES DE NATAL

Aline apresenta nesse CD quatro canções natalinas com as respectivas faixas de *playback*: *Vem Chegando o Natal*, *Cristo Nasceu em Belém*, *Brilha, Jesus!* e *Noite Feliz*.

O PODER DO TEU AMOR

Quarto CD de sua carreira, com a faixa *O Poder do Teu Amor*, produzida pelo norte-americano Tom Brooks, e grandes canções como *Ao Único* e *Tu És Fiel*.

FRUTO DE AMOR

CD ganhador do Grammy Latino 2004, na categoria Melhor Álbum de Música Cristã em Português.

SOM DE ADORADORES

Gravado na Comunidade Internacional da Zona Sul, esse CD marca a vida e o ministério da adoradora como o início de um novo tempo! Lançado pela MK Music, recebeu Disco de Diamante por 500.000 cópias vendidas e foi indicado para o Grammy.

CAMINHO DE MILAGRES

Lançado em março de 2007, pela MK Music, o álbum traz 16 faixas inéditas e foi gravado ao vivo na Comunidade Internacional da Zona Sul. *Caminho de Milagres* reflete experiências vivenciadas pela cantora e sua casa e vem confirmar o desejo de trilhar uma estrada de conquistas sobrenaturais a fim de impactar sua geração. Vencedor do Grammy de 2007.

CD – INTERNACIONAL

MÁS DE TI – ALINE BARROS, DON MOEN & PAUL WILBUR

É o primeiro CD gravado em espanhol, ao vivo, em Miami, com dois grandes nomes da música gospel mundial: Don Moen e Paul Wilbur. Grande destaque para *El Poder de Tu Amor*, sucesso absoluto na comunidade hispânica.

EL PODER DE TU AMOR

Com o sucesso da canção no CD anterior, Aline lançou esse trabalho solo para o mercado espanhol. Produzido por Miguel Vilagran, logo explodiu nas paradas de sucesso.

ALINE

Terceiro álbum em espanhol de Aline Barros. O disco traz 12 faixas assinadas por nomes como Paul Baloche, Lenny Leblanc, Marty Sampson e o produtor Don Moen e foi um dos trabalhos da cantora indicados ao Grammy Latino 2006 na categoria Melhor Álbum de Música Cristã em Espanhol.

FIESTA EN EL JARDÍN

É o primeiro álbum infantil em espanhol da cantora, voltado para o mercado hispânico, gravado na Guatemala em março de 2005. O projeto é uma versão de *Bom É Ser Criança — Vol. 2*, lançado pela AB Records. O disco foi indicado ao prêmio Arpa (2006), concedido pela Academia Mexicana de Gravação.

REFRÉSCATE

O mais novo CD de carreira internacional da cantora, onde se destacam *Amarte, Majestuoso Rey* e *Amor de Mi Vida*.

CD — INFANTIL

BOM É SER CRIANÇA — VOL. 1

Primeiro CD infantil da carreira de Aline Barros, tem repertório educativo, com base em princípios bíblicos e valores cristãos.

BOM É SER CRIANÇA — VOL. 2

Segundo trabalho da cantora dedicado ao público infantil. Lançado pela AB Records, conquistou Disco de Platina. O CD aborda temas importantes como questões que podem distanciar a criança de Deus.

ALINE BARROS & CIA 1

Primeiro CD infantil lançado pela MK Music. São 13 canções infantis, divertidas, levando o Evangelho de uma forma lúdica e simples, para que as crianças possam entender e assimilar a Palavra de Deus. Vencedor do Grammy em 2005.

ALINE BARROS & CIA 2

Esse álbum traz 15 canções que falam de coragem, alegria, obediência e ensinamentos contra mentira.

DVD

JESUS VIDA VERÃO AO VIVO

Jesus Vida Verão é considerado o maior evento gospel de verão do Brasil. Aline Barros participa há várias edições e, por sua amplitude, a AB Records escolheu o evento para gravar um DVD ao vivo da cantora.

ALINE BARROS & CIA 1

Depois do Grammy Latino para o CD, a cantora lançou o DVD, que marca seu projeto para crianças.

ALINE BARROS & CIA — KARAOKÊ

Primeiro karaokê gospel especialmente para crianças.

SOM DE ADORADORES

Aline Barros canta os sucessos do CD *Som de Adoradores* e outras canções, como *Faz Chover* (Ministério Apascentar), *Shekinah* (Fernandinho), *Aclame ao Senhor* (Igreja Batista da Lagoinha) e *Consagração*, música que marcou o ministério da cantora.

ALINE BARROS & CIA 2

Quinze músicas e uma divertida história marcam esse DVD infantil da artista.

CAMINHO DE MILAGRES

Gravado no Maracanãzinho em 7 de junho de 2008, *Caminho de Milagres* é uma grande festa de louvor e adoração a Deus.

ALINE BARROS NA ESTRADA

A MK Music gravou duas apresentações da cantora durante a turnê *Caminho de Milagres*, que resultaram nesse DVD.

E ainda: DVD e KARAOKÊ — A GALERINHA CANTA COM ALINE BARROS.

COLETÂNEAS

Melhor do Gospel Nacional, Eterno Amor — Família, Jesus Vida Verão ao Vivo, Duetos — Aline Barros e Convidados, 10 Anos de Louvor e Adoração, Aline Barros para Bebês.

Este livro foi composto em Electra LH 10/15 e impresso
pela Gráfica Ediouro sobre polen soft $70g/m^2$ para a
Thomas Nelson Brasil em outubro de 2010.